Collection
CN-Mémo

*L'outil intelligent "100% ECN pour vous faire **gagner du temps***

NEUROLOGIE
PSYCHIATRIE

Guillaume Zagury

Éditions Médicilline
599 rue de la Nivelle - 45200 Amilly
contact@medicilline.com
www.medicilline.com

ISBN 978-2-915220-47-6

Introduction

"Prenez une longueur d'avance"

A1. POURQUOI CET OUTIL : *"MIEUX VAUT UNE TÊTE BIEN FAITE QU'UNE TÊTE BIEN PLEINE"*

A1. LA MÉDECINE EST UN SAVOIR SANS FIN : quantitativement environ **130 symptômes** et plus de **10 000 pathologies** et qualitativement datas évolutives.

Dans la pratique (et encore plus aux décours des examens), la démarche médicale se réalise en 2 temps :

1. **À partir d'un symptôme** (parmi la centaine existant) trouver un **diagnostic = "Pathologie"** (ceci à travers la démarche **"TAFACPD"** : cf. mémo Méthodologie : Terrain-Antécédent - Fréquence - Anamnèse - Clinique - Paraclinique - Différentiel) **en cause**

2. Appliquer le **"guideline thérapeutique"** (selon le "staging" et le terrain), concernant les **20 à 30 pathologies** que rencontrent le **spécialiste** (cardiologiste, orthopédiste,...)

Ce que recherchent les **Professeurs** qui vous **questionneront à l'ENC** : un **interne opérationnel** qui :

- maîtrise (80% de la connaissance) les **pathologies fréquentes** (soit sur l'ensemble des spécialités environ **100 symptômes, 150 pathologies** et **40 familles thérapeutiques**)

- ne soit **pas dangereux** : maîtrise des **situations d'urgences** (les différentes détresses, non-iatrogénie,...)

Par suite, cette Collection a été créée pour optimiser le ratio : importance de l'information / temps consacré à l'intégrer. Notre équipe a ainsi utilisé les **dernières nouveautés** concernant la **pédagogie** de l'apprentissage et les **techniques de mémorisation**.

A2. LA MÉMORISATION EST UNE AFFAIRE DE MÉTHODE : La mémoire a besoin de supports & stimulis convergents (auditifs, visuels, ...)

Renforcer l'information par **différents liens** ("synapses convergentes") et **supports** (visuel, auditif, ...), tel est le process d'une bonne mémoire à long terme (créer une toile d'araignée autour de l'information) :

- **cours hiérarchisé** (cf plan) : créer un lien **logique** via la physiologie ou l'anatomie
- **petit schéma** ou dessin pour les adeptes de la **mémoire visuelle** (de la même façon que la mémorisation orale sur le long terme du Chinois ne peut se faire qu'à travers le support des caractères)
- **"tableau Minute"** synthétique, où les **6 points-clés pour l'examen** sont mis en évidence
- vécu raconté (cours du Professeur en amphithéâtre)
- vécu personnel (*"avoir le film en tête"* en donnant l'impression de l'avoir vécu 100 fois)
- **aphorisme frappant la vue** (ex : aspect en *"bouchon de Champagne"* et l'imagination (*"Coup de tonnerre dans un ciel serein"*...)
- **équation aux dimensions** cf. France = 65M = 1% population Mondiale
- **mémos : astuces** premettant un **support auditif** *"Mais ou est donc or ni car"*, ou visuel cf. les décimals de Pie *"Que j'aime apprendre ce chiffre aux sages"* = 3-1-4-...lettres), "1515" ou "9/11" (beaucoup plus facile à retenir que l'année de la découverte Majeure de l'Amérique (1492)

A3. LES MOYENS MÉMOS EN MÉDECINE : mettre l'information pertinente en réseau

L'étudiant (cf. stress de l'examen) ou le Professionnel (cf. contexte de l'urgence) ont à l'évidence besoin de données réflexes et sûres.

Les médecins anglo-saxons depuis leur plus jeune âge utilisent systématiquement devant tout patient : **"SOAP"** (Symptôme subjectif type douleur thoracique - Objectif : éléments cliniques et paracliniques indiscutables - Assesment : hypothèses diagnostiques - Plan d'action), et qui ne se souvient pas de la classique liste des 12 paires crâniennes (du temps où l'anatomie était un élément discriminant : *"Oh Oscar Ma Petite Thérèse..."*), appris sur le banc des premiers amphithéâtres où les 4 pathologies à éliminer en priorité devant une douleur thoracique (cf. **"PIED"** : Pericardite-Idm-Embolie-Dissection), sont des éléments qui **confortent et rassurent la mémoire** (en créant un une nouvelle synapse). Tout ceci a pour but de renforcer la rétention mnésique à l'image du muscle de sportif, et s'avère être un processus actif pour l'étudiant (utilisation d'un item qu'il considère utile ou création de son propre mémo).

A4. TYPOLOGIE DES MÉMOS MÉDICAUX

Pour créer des synapses inter-neuronales, les médecins ont créé tout un vocabulaire spécifique de façon à retenir l'information (80% de l'information pertinente est retenue dans 1 phrase ou 1 mot).

Citons différents types de moyens :

- **Aphorisme** : ex *"Aspect de mains mal lavées"* dans la maladie d'Addisson cf. muqueuse qui *"pleure le sang"* en endoscopie pour la RCH, *"douleur en bretelle"* des pathologies biliaires, ou la classique *"Colique néphrétique frénétique"*, *"l'asthme pousse et la laryngite tire"*, Les *"Canada Dry"* : *"la sigmoïdite, c'est l'appendicite à gauche"*,...

- **Adages** : exemple les "Jusqu'à preuve du contraire " : *"Toute fièvre chez un cardiaque est une endocardite jusqu'à preuve du contraire "* ou *"Toute fièvre de retour d'un pays tropical est un paludisme jusqu'à preuve du contraire "* ; ou bien les **"pathognomoniques"** (ex : signe de Kopick et rougeole) voire les **"Pas de X dans Y"** (ex : pas d'IM dans un IDM).

- **Équation aux dimensions** : ex posologie des aminosides **"36-15 GNA"** (Gentamycine 3 mg/kg - Nétromycine 6 mg/kg - Amiklin 15 mg/kg)

- **Hommes célèbres** : retenir les pathologies à travers des biographies célèbres peut également permettre de soulager la mémoire (*"De la Star vient la Lumière"*, ouvrage à paraître aux éditions Médicilline).

- **Acronymes** (cf. SNCF) qui ont l'intérêt majeur de **fixer le nombre d'items**. Ainsi : Les 3 types d'hypocholestérolémiques "SFR" (Statine-Fibrate-Résine) permet immédiatement de reconstituer la réponse.

A5. SPÉCIFICITÉS DE CET OUVRAGE concu pour votre reussite

UN OBJECTIF "100% ENC": SAVOIR SE LIMITER & MÉMORISER LES 100% DE L'INFORMATION "TOMBABLE"

Dans chaque spécialité, la **sélection des items** scientifiques tombables a été rigoureuse et les **listings** ont été limités à **moins de 6 items** (sinon la mémoire n'est plus efficace).

Au niveau **visuel** un effort particulier a été fait de facon à vous donner **3 outils supplémentaires de mémorisation** : frapper la vue et l'imagination : vous pouvez beaucoup plus aisément reconstituer le film d'une pathologie que le patient est réel et connu (adjonction des rubriques "Stars Mémos").

De même, un énorme effort sur des "tableaux minute" synthétiques ainsi que des "visuels minute "!

A6. COMMENT UTILISER CET OUVRAGE

Devant toute question ENC 4-clés :

- 1. **Se limiter à apprendre les 80% de l'information utile, et refuser d'apprendre les détails et raretés** qui encombrent votre mémoire.
- 2. Montrer que *"vous avez le film de A a Z dans la tête"* (même si vous n'avez jamais vu un seul malade !). Pour cela visualiser (par ex via "Star Mémo"), toute la chaîne médicale depuis le symptôme jusqu'à la guérison (ou stabilisation). Garder toujours la vision globale de la pathologie en tête.

- 3. *"Apprendre à penser comme un Professeur"*. *"Si j'étais Professeur, quelles seraient les questions que je poserai et les 2-3 "pièges" classiques où l'externe n'ayant pas ECN Mémo, tomberait à coup sûr !"*
- 4. Utiliser un mémo... seulement quand cela est UTILE !!
  . Souvent l'explication rationnelle (physiologique ou anatomique) permet d'éviter l'élaboration d'un mémo (qui complique plus qu'il n'aide)
  . Réaliser un memo peut s'avérer extrêmement chronophage, alors regarder la proposition *ENC Mémo*, car les mémos actuellement disponibles pêchent souvent par leur absence d'homogénéité ou d'intérêt : "tiré par les cheveux" (ainsi à l'extrême, on pourrait voir ce type de data figurer dans un ouvrage : Les 3 type de toxicité de tel médicament : "3 I" de Insuffisance Respiratoire - Insuffisance Cardiaque- Insuffisance Hepatique... ce qui n'apporte rien car les mots-clés sont les organes !).

En 2 mots, **sélectionner dans chaque spécialité, les 5 à 10 mémos dont vous avez spécifiquement besoin parmi la soixantaine proposée** (les besoins sont spécifiques à chacun et certains préfèreront la mémorisation visuelle alors que d'autres réviseront en moins d'une minute leur question via le mémo (ex : IDM - avec 3 mémos **"PIED"**, **"MONA"**, **"ABCDE"** aller chercher 70% des points pour l'ENC).

Bonne lecture et bonne route,

Guillaume ZAGURY
MD, MPH, MBA
Directeur et Fondateur des éditions Médicilline
Guillaume2008@hotmail.com
Guillaumezag@medicilline.com

COLLECTION
ENC MEMO

L'outil intelligent "100% ENC" pour vous faire gagner du temps.

Une nouvelle collection adaptée au programme et à la nouvelle philosophie ENC : plus de longues listes à apprendre.

En 2014, tous les étudiants ont approximativement la même base de connaissances avec environ 325 fiches de synthèse (soit personnelles, soit achetées dans le commerce). L'étape suivante consiste à structurer logiquement cette information, puis ensuite la retenir... Cet ouvrage est l'outil idéal pour décupler votre potentiel mnésique, de façon extrêmement efficace et 100% opérationnnelle.

Tout a été fait pour vous faire gagner du temps en ne vous proposant que des mémos à impact testés (l'auteur est un ancien conférencier d'internat) et répondant au cahier des charges d'un bon mémo (utilité, homogénéité, court,...).

2 exemples :

1. Sérologie pour dater une infection ancienne : IgG (infection ancienne) penser : **"GOLD"** (IgG=Old, par suite IgM = Infection récente).

2. Diabète type 1, les 4 axes du traitement : **"DIDS"** : Diététique (GLP 50%-30% 20%) - Insuline (1 U/kg/ Jr) - Discipline (horaires réguliers,...) - Surveillance An/Sem/Tri/M/Jr)).

Sachez sélectionner les 10 mémos adaptés à votre niveau et personnalité (de très nombreux mémos visuels ont été incorporés) et vous avez de l'or entre les mains.

12 titres à paraître en 2013-2014 :

Cardiologie-Pneumologie

Maladies infectieuses

Gynécologie obstétrique

Neuro-psychiatrie

Endocrinologie

Appareil locomoteur

...

Toutes nos publications sont disponibles en librairie

ou sur www.medicilline.com

DU MEME AUTEUR POUR L'ENC

1. COLLECTION Doc Protocoles :
"UNE IMAGE VAUT 1000 MOTS"

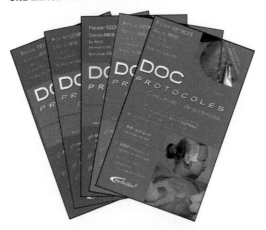

Exceptionnelle collection (plus de 20 000 ventes en 3 ans), qui vous permettra de maîtriser les gestes étape par étape grâce à une Infographie (loupe, fléchage,...) permettant de bien comprendre le point important.

Doc Protocoles existe également en application (Apple & Android).

2. MÉDI MÉMO XL

Un ouvrage qui a eu son heure de gloire puisque plus de 25 000 confrères l'ont utilisé tant pour leur pratique que pour leur préparation à l'Internat.

Editions Estem, prix public TTC : 20 euros.

3. COLLECTION 100% ECN : SANTÉ PUBLIQUE :

La référence pour l'ENC

Les auteurs ont probablement écrit la référence pour l'ENC avec une information totalement hiérarchisée et différents niveaux de consultations (fiches Minutes).

4. APPLICATION ORDONNANCE MINUTE : un INCONTOURNABLE

Les 222 prescriptions les plus fréquentes dans votre poche

5. APPLICATION MEDI-SCORE :

La Médecine moderne est une médecine quantifiée (Stagging), ce qui sous-entend "Scoring" et "Classifications".

Cette application vous permettra d'accéder à plus de 365 Scores et Classifications, utiles pour la pratique et… l'ENC.

VOTRE AVIS EST IMPORTANT

Si vous avez une suggestion, une idée de projet éditorial papier ou numérique, n'hésitez pas à nous contacter de façon à voir comment aider à concrétiser ce projet dans les meilleurs délais.

contact@Medicilline

Guillaumezag@medicilline.com

Guillaume2008@hotmail.com

CONCOURS "MÉMO +"
LES 6 CRITÈRES DU BON MÉMO

Gagnez un ouvrage de votre choix (voire plus si contribution significative) en soumettant votre **mémo original** à notre comité scientifique.

Envoi de votre proposition sur :

memo@medicilline.com

et "PQRS" = *"Pas de Question Sans Réponse"*

Le cahier des charges obéit aux 6 critères élaborés ("recette du Coach") par Guillaume Zagury :

1. **Utile** (= argument de fréquence ou de gravité) : on n'apprend pas une langue en commencant par des mots rares...

2. **Homogène** (+++) : organe cible, mécanisme physiologique (saignement,...), pathologies... tous les items proposés doivent être en phase (*"poires avec des poires..."*)

3. **Court** : au-delà de **6 items**, la mémoire ne retient pas.

4. **Efficace** et non "tiré par les cheveux" : une astuce ne se comprendque si gain de temps immédat pour l'étudiant.

5. **En relation avec la pathologie** : ex : "Dementia" pour les causes de démences

6. **Non vulgaire** : même si le commun des mortels a parfois tendance a mieux retenir ce qui frappe la vue et l'imagination...

L'auteur

Guillaume Zagury est médecin (AIHP, CAMU,...), "Globe Docteur" (nombreuses missions humanitaires) et entrepreneur. Il travaille en Chine depuis 2000 et exerce actuellement comme "Chief Medical Officer" du second hôpital privé international de Pékin.

Il vous livre avec cette Collection ENC-Mémo 20 ans d'exercice tant clinique que pédagogique.

AVERTISSEMENTS

Malgré tout le soin que nous avons apporté à l'élaboration de cet ouvrage, une erreur est toujours possible. Les informations publiées dans cet ouvrage ne sauraient engager la responsabilité des auteurs.

- Partie 1 -
NEUROLOGIE

"Comme on compte les moutons pour s'endormir, il essayait de compter toutes les filles qu'il avait connues."

André FRÉDÉRIQUE

Sommaire
Neurologie

PLAN NEUROLOGIE	Mémo
Généralités	
1. 12 orientations diagnostiques en neurologie	VITAMINE C
2. Sex -ratio en neurologie	
3. Incidence des pathologies	
4. Âge Moyen en neurologie	
63. Maladies à prions et démences	
1. Prévalence de la maladie d'Alzheimer	6 % des plus de
2. Équation aux dimensions (OMS)	Doublement des déme les 20 ans
3. Éléments d'apparition du syndrome démentiel	L'AMOUR
4. Démence - éliminer une des rares causes réversibles	DEMENTIA
5. Les 4 critères anatomopathologiques d'Alzheimer	PPDA
6. Médiateurs dans Parkinson et Alzheimer	À la lettre
96. Méningites et méningo-encéphalites	
1. Méningite = les 5 germes à envisager	L'HBPM
2. Méningo et pneumo-bactériologie : 2 diplocoques à l'examen direct gram moins et gram plus	À la lettre
3. Méningite = les 4 signes de gravité	4C
122. Polyradiculonévrite aiguë inflammatoire (Guillain-Barré)	
1. Les 3 étiologies donnant une dissociation albumino-cytologique :	BCD
2. Mono- et multinévrites - Les 4 principales causes	Vendredi, Same Dimanche, Lun

Utilité (en examen ou pratique)	Pertinence	Visuel	Star Mémo
+ +	+	- Tableau : étiologies des comas non traumatiques - Graphique : sex-ratio/pathologie - Graphique : incidence pathologies - Tableau synthétique : âge moyen de différentes pathologies	Carroll
+	+	- Auto-Test : évaluation Alzheimer	Kant Don Quichotte
	+	- Schéma mémo - Méningite : fréquence des germes	Balzac
		- Guillain-Barré : résultats d'une ponction lombaire type - Bilan biologique type de PL en cas de Guillain-Barré	

PLAN NEUROLOGIE *(suite)*	Mémo
125. Sclérose en plaques (SEP)	
1. Sex ratio en neurologie	
2. Examens complémentaires devant suspicion SEP	PIPO
133. Accidents vasculaires cérébraux	
1. 4 principales causes d'hémorragie intracérébraux	MASH
2. Aphasie de Broca / Verbicke	Faux Sourd/ M
3. Les 6 éléments du syndrome de Wallenberg	"Cinq belles pines cro bulles"
146. Tumeurs intra-crâniennes	
1. Aspect du LCR en IRM	"En P1 tu bois du café bois du pastis"
230. Coma non traumatique	
1. Coma, les 7 principales causes :	TIME TOP
Coma, les 3 éléments du Score de Glasgow	YBM - 456 (égaleme
235. Épilepsie de l'enfant et de l'adulte	
Généralités	
1. Thérapeutique : indications des antiépileptiques selon le type de crises (généralisée, partielle, mixte)	À la lettre
2. Thérapeutique : posologie des antiépileptiques chez l'enfant et l'adulte (traitement d'entretien)	"T'es De Garde Din 1(0)-2(0)-3-4"
3. État de mal épileptique : traitement médicamenteux dans l'ordre	"Riri deale des barbi

Utilité (en examen ou pratique)	Pertinence	Visuel	Star Mémo
	+	- SEP : images types sur IRM	
			Berlioz
			Burgess
+ +		- Tableau : éléments quantitatifs permettant d'éablir le score de Glasgow	Lénine
		- Les 3 étapes de la crise convulsive - EEG : origine épileptique d'une crise convulsive - Tableau : étiologies des crises convulsives non épileptiques - Crises partielles : classification & exemples	César Dostoievski Jeanne Arc Flaubert Nobel Poe Christie
		- Tableau : posologie antiépileptiques	Dostoievski
		- Convulsions : algorithme thérapeutique	Flaubert

PLAN NEUROLOGIE *(suite)*	Mémo
244. Hémorragie méningée	
1. Complications des hémorragies méningées	SHON-SHE
5 principaux terrains d'hématome sous-dural chronique	5 A
261. Maladie de Parkinson	
1. Médiateurs en cause	À la lettre
Parkinson - triade clinique	RAT
Traitement : 5 principales contre-indications de la L. Dopa (cf. Modopar)	H. DOPA
262. Migraine et algie de la face	
1. Appellation moderne des 12 paires de nerfs crâniens	*"Oscar orateur outsi triste à l'idée de Vieill vaguement avec hyp*

Utilité (en examen ou pratique)	Pertinence	Visuel	Star Mémo
	+	- Schéma mémo - Hématome sous-dural & extra-dural : scanner	
	+	- Schéma mémo	Hitler Buffet

GÉNÉRALITÉS

AU NIVEAU MONDIAL : LA NEUROLOGIE, ...UNE SPÉCIALITÉ D'AVENIR !

Près d'un milliard de personnes dans le monde souffrent de troubles neurologiques qui vont de l'épilepsie à la maladie d'Alzheimer en passant par les maux de tête et les traumatismes cérébraux, selon un rapport de l'OMS (2008).

Rappelons que :

- Nous sommes 7 milliards d'humains (et environ 9 milliards en 2050) dont plus de 50 % de consommateurs (5 milliards de portables vendus depuis 15 ans !)

- En l'an 2010, l'âge médian (= 50 % au-dessus et 50 % en dessous) de la population française (et européenne) est de 38 ans, engendrant parfois une conception silicosée (plutôt "fonctionnaro-cocooning" de la vie / dynamisme et créativité n'ont pas encore déserté les bancs des facs de Médecine).

La différentielle "Nord Sud" est particulièrement parlante au niveau neurologique :

- Au Nord : Les troubles neurologiques prennent des proportions importantes dans les pays où le pourcentage de la population de plus de 65 ans (pathologies dégénératives, AVC,...) augmente.

- Au Sud (et pays émergents) : la malnutrition et les maladies infectieuses (sida, méningites, paludisme, par exemple), sont le lit des neuropathies. La problématique vient du faible accès aux médicaments (les traitements et technologies existent au Nord - cf. épilepsie, vaccin méningite,... - mais sont peu accessibles - coût, protection sociale,..). En d'autres termes "raccourcis" : "Les malades sont au Sud...et les médicaments sont au Nord".

Ce critère Nord-Sud est d'ailleurs à géométrie variable, puisque que dire de la Chine (5 millions de parkinsoniens et 30 millions d'Alzheimer d'ici une vingtaine d'années !) :

- qui est la 2e économie mondiale (1er marché automobile, téléphones mobiles,...) ;

- qui est l'usine de la planète (on ne peut pas vivre 24h sans acheter un article fabriqué en Chine !) ;

- qui a rapatrié (comme les Européens au moment de la Renaissance) tout le savoir international, via plus d'un million d'étudiants chinois "overseas" tous les ans ;

- qui aura bientôt des champions multinationaux émergents (cf. déjà dans les Télécoms : Hua Wei est en train de passer devant Alcatel-Lucent) dans tous les domaines, à l'horizon 2025 (automobile...) ;

- dont la courbe d'espérance de vie commence à approcher les courbes occidentales (F : 77 ans H : 71 ans).

1) Listing complet des 12 orientations diagnostiques en neurologie : "VITAMINE C DIT"

Vasculaire : AVC, malformation artério-veineuse

Infectieux

Traumatique : HSD, HED

Auto-immune

Métabolique : alcool, hypoglycémie, natrémie

Iatrogène

Néoplasique : astrocytome, méningiome

Épileptique

Congénital

Dégénératif : SEP, Lupus

Idiopathique

Toxique

 Remarque

- Ces 12 orientations (anatomiques et physiologiques) valent pour toute les spécialités et symptômes (on recense environ 120 symptômes en médecine).
- Encore un classique du Coach (1993) repris régulièrement depuis plusieurs générations (comme partout, il y a ceux qui ouvrent les sentiers et ceux qui suivent !)
- Un "classement anglo-saxon", en TGV (les principales) **"MTV TDI"** : Métaboliques - Traumatique - Vasculaire - Tumeur - Dégénératif - Infectieux.
- Alternative **"MEC VIT"** : Métabolique - Expansif (processus) - Comitial - Vasculaire - Infectieux - Toxique.

- Application : étiologies des comas (hors traumatisme)

Appareil	Etiologies	Caractéristiques
Causes neurologiques	AVC ischémique, hémorragique Hémorragie méningée	Déficit neurologique focal Abolition des réflexes ostéo-tendineux Respiration ataxique si lésion du tronc
	Epilepsie	Morsure de langue et perte d'urines
	Tumeurs cérébrales	Evolution progressive
Causes infectieuses	Méningites Méningo-encéphalites Neuropaludisme	Syndrome infectieux (fièvre)
Causes métaboliques	Chez le diabétique Hypoglycémie Coma acido-cétosique Coma hyperosmolaire	Antécédents Hypoglycémie : traitement par insuline ou antidiabétiques oraux Hyperglycémie : interruption traitement
	Chez l'alcoolique Coma éthylique Encéphalopathie hépatique	Odeur de l'haleine Signes de cirrhose
	Insuffisance surrénalienne	
Causes toxiques	Intoxications médicamenteuses Benzodiazépines Morphiniques Sédatifs...	Interrogatoire de l'entourage Signes en rapport avec la substance ingérée Toujous penser aux assocations
Troubles ioniques	Hypo et hypernatrémie Hypercalcémie	
Autres	Hypothermie	

2) Sex ratio en neurologie

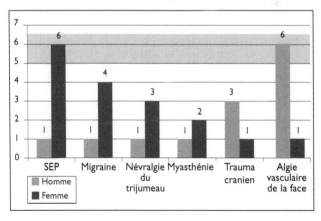

Remarque

La sclérose en plaque (SEP) et la migraine s'avèrent des patholo-gies essentiellement féminines (80 % environ), à l'inverse de l'al-gie vasculaire de la face.

STAR-MÉMO :

Charles Dogson alias "Lewis Carroll" (1832-1898)

Alice au Pays des migraines....

Le révérend Charles Dogson choisit son pseudonyme en anglicisant son nom latinisé : *Carolus Lodovicus*.

Professeur de mathématiques au Christ Church College à Oxford, il usait de son pseudonyme pour ses "récréations intellectuelles".

Ses crises de migraine l'inspirent pour la rédaction d'*Alice au pays des merveilles*, notamment pour le coté visuel et les expériences somesthésiques du livre.

Ainsi dans *Frontispiece of Mismatch*, on visualise un homme amputé d'une partie de son bras gauche et de sa tête : Il manque une zone de forme arrondie dans le dessin, tout à fait comparable au scotome de la migraine (celui-ci ampute une partie du champ visuel lors de la crise).

Dogson écrivait ainsi en 1885 : *"In the morning, I experien-ced, for the second time, that odd optical affection of seeing moving fortifications followed by a headache"*.

Comme quoi, l'adversité peut là-encore être source d'énergie créative...

Source : The Lancet, Vol 352, août 15, 1998 ; Vol 353, avril 17, 1999.

3) Incidence des pathologies

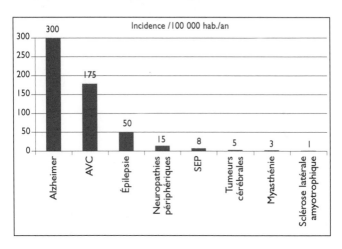

Incidence /100 000 hab./an

Pathologie	Incidence
Alzheimer	300
AVC	175
Épilepsie	50
Neuropathies périphériques	15
SEP	8
Tumeurs cérébrales	5
Myasthénie	3
Sclérose latérale amyotrophique	1

 Remarque

Quelques chiffres de mortalité annuelle (ordre de grandeur à : méningite 250 par an, SEP 400, épilepsie 1 000.

4) Âge moyen en neurologie

	Dépression							
De 5 à 10 ans					Dyslexie			TOP*
De 10 à 14 ans		Anorexie et boulimie	Phobie sociale	TOC*				
De 20 à 30 ans		Dépression post-partum	Schizo-phrénie	Dépres sion	Troubles bipolaires	Attaque panique	Agora phobie	Dépression suicidaire
De 30 à 60 ans		Maladie de Parkinson		Huntin gton		Alzheimer précoce		
60 ans et plus							Alzhei mer	Dépression suicidaire

15

Le problème de ces pathologies dégénératives n'est que faiblement médical à l'heure actuelle, mais avant tout à leur prise en charge globale (passage du "cure au care") : structure accueil (rôle de la famille souvent déjà dispersée) - soins quotidiens et kinésithérapie (cf. prévention : escarres, anti-coagulation,...) - aide ménagère - sociale - juridique (responsabilité, décision de traitement...).

1) Prévalence de la maladie d'Alzheimer : 6 % des plus de 66 ans

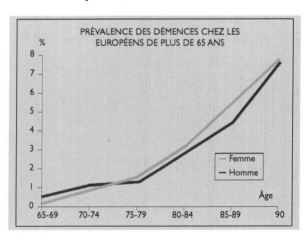

PRÉVALENCE DES DÉMENCES CHEZ LES EUROPÉENS DE PLUS DE 65 ANS

Remarque

- Le diagnostic d'Alzheimer est probabiliste : Terrain : affection débutante en moyenne à 75 ans - Clinique - + trouble du langage - Amnésie - Apraxie -Agnosie -, test avec score MMS < 26/30, élimination des démences d'autres causalités par les examens complémentaires. En fait, il est formellement affirmé par une biopsie cérébrale !

- Les crises d'épilepsie surviennent tardivement. Facteurs d'influence sur la maladie d'Alzheimer :

Facteurs d'influence sur la maladie d'Alzheimer

Facteurs de risque :
- Age
- Facteurs génétiques (antécédents familiaux)
- Hypercholestérolémie
- HTA
- Toxiques (aluminium)
- Traumatismes crâniens
- Carences en vitamines B9 et B12
- Faible niveau d'éducation

Facteurs protecteurs :
- Oestrogènes et traitement hormonal substitutif
- Niveau d'éducation élevé
- Tabagisme

STAR-MÉMO :

Ronald Reagan (1911-2004)

Sa femme prétend qu'il a même oublié le fait d'avoir été Président des États-Unis !! Retiré de la vie politique à l'âge de 77 ans (1988), il avait été élu sur un programme conservateur et favorable au retour des valeurs morales. Il relance l'économie et la course aux armements ("Star War"), hélas au détriment des prestations sociales qui furent considérablement réduites. Néanmoins, ceci contribua probablement au jet de l'éponge par l'ex-URSS et à la fin de 50 années de "guerre froide" (*"Quand les Riches se faisaient la guerre... ce sont les pauvres qui mouraient"*). Quarantième Président des États-Unis, il débuta sa carrière comme reporter sportif et acteur de cinéma ! De Hollywood à Washington... : quand on a du charisme, tous les chemins mènent à Rome.

17

STAR-MÉMO :

Maurice Ravel (1875-1937)

Rival de Debussy jusqu'au décès de ce dernier en 1918, Maurice Ravel devient ainsi au sortir de la guerre le compositeur français le plus estimé. En 1927, le compositeur, alors âgé de 57 ans, subit de plein fouet un accident cardiaque et ne s'en remet que partiellement : différents troubles psychiques le dérangent de plus en plus dans son travail (évocateurs de la maladie d'Alzheimer). Des études récentes laissent entendre que son *Boléro* (1928) serait le fruit d'un esprit déjà enclin à la pathologie, ce que la répétition mélodique de l'œuvre semblerait confirmer. Dix années après, une tumeur cérébrale naissante fait tenter une intervention neurochirurgicale, mais il succombe neuf jours plus tard, le 28 décembre 1937, à l'âge de 62 ans. Au cas où vous auriez déjà oublié l'auteur du *Boléro* de Ravel...

Source : Dictionnaire de la Musique, Éditions Celiv, 1993. Psychiatric Bulletin.

2) Équation aux dimensions (OMS) : "Doublement des démences tous les 20 ans"

2010 : 1 Million (France) dont 900.000 Alzheimer et environ 35 M dans le Monde

2030 : 2 Millions (France) et environ 66 M dans le Monde

 Remarque

- Noter la dynamique, qui suit la transition épidémiologique : en 2006, 600 000 Alzheimer en France.

- Noter l'aspect quantitatif mais aussi qualitatif (lourdeur de la prise en charge de la dépendance = 5e risque à couvrir par la Sécurité Sociale, dont le financement est en discussion).
- La démence est pour une large part dépendante en fonction de l'âge : à 85 ans 1 personne sur 6 et à 90 ans 1 personne sur 2 (Etude Paquid a Bordeaux).
- Espérance de vie si démence diagnostiquée : 4,5 ans.
- Comme la France représente 1% de la population mondiale (65 millions pour environ 7 milliards), on pourrait s'attendre à 100 millions de démence à l'horizon 2030, mais cela ne sera pas le cas (compter environ la moitié), car l'espérance de vie en France est parmi les plus élevées au Monde. Néanmoins en Chine, l'estimation de 30 millions de déments en 2030 est à prendre au sérieux (ce n'est que la moitié de la France !... à l'échelle de ce pays, une goutte d'eau...).
- Les résultats récents publiés en 2010 par *Lancet Neurology* identifient et quantifient 7 facteurs protecteurs (à l'inverse FDR à combattre), qui sont dans l'ordre : 1) L'activité intellectuelle (corrélée au faible niveau d'instruction imputable à 20 % du risque) ; 2) Le non-tabagisme ; (14 % du risque) ; 3) L'activité physique (13 % du risque) ; 4) La dépression (11%) ; 5) L'HTA (5 %) ; 6) L'Obésité (2 %) ; 7) Le diabète (2 %).

3) Éléments dans l'ordre chronologique d'apparition du syndrome démentiel : "L'AMOUR"

Langage : trouble (70% révélateurs) constant dans l'évolution.

A : "3A" : **A**phasie - **A**praxie - **A**gnosie

Mémoire : amnésie rétrograde

Orientation

h**U**meur

Raisonnement

Remarque

Les "5A" initiaux de la maladie d'Alzheimer :

- Amnésie : La mémoire est en premier lieu atteinte, avec l'impossibilité pour le patient d'enregistrer de nouveaux événements, alors que la "mémoire ancienne" est conservée.
- Aphasie : Des troubles du langage apparaissent et rendent la communication difficile. Le patient peut parfois se murer dans le silence.
- Apraxie : La maladresse gestuelle s'accompagne de la perte de sensations.
- Agnosie : ne reconnaît plus son entourage. Il est dans un état de profonde confusion mentale, il peut adopter des attitudes d'indifférence, de mutisme ou d'agressivité. L'état grabataire est inévitable à terme.
- Âge : généralement plus de 70 ans.
- Démence définie par un déclin cognitif par rapport au niveau antérieur et consistant en des troubles de mémoire associés à un déficit portant sur au moins deux fonctions cognitives (Attention, orientation, langage, capacités visio-spatiales, fonctions exécutives, contrôle moteur, praxies), à l'exclusion de troubles de la vigilance, de troubles psychotiques ou d'aphasie sévère, ou de la présence d'affections systémiques qui pourraient rendre compte des déficits cognitifs.
- Savoir éliminer une cause organique, puis un syndrome dépressif chez une personne âgée avant de parler de démence. L'apparition des troubles se fait dans l'ordre cité et le tableau se constitue sur plusieurs années (environ 5 ans).
- Généralement, les patients sont hospitalisés au moment des troubles du langage.

4) Démence - éliminer une des rares cause réversible : "DEMENTIA"

Dépression (interrogatoire)

Ethylisme et encéphalopathie carentielle (vitamine B12)

Médicament : psychotropes notamment

Endocrinopathie : hypothyroïdie (T3, T4, TSHus), Cushing.

Neuro-syphilis (TPHA/VDRL) et maladie type SIDA (HIV, PL)

Tumeur cérébrale, HSDC, HPN (scanner cérébral, ECG)

Insuffisance carotidienne, cardiaque et TDR (ECG, échographie, Doppler, cou, échographie du cœur)

Anémie (NFS)

Remarque

- Les causes réversibles se recherchent d'autant plus que le patient est jeune.
- Se battre pour rechercher 5 démences curables : HSD - Hydrocéphalie P Normale - Tumeur - Abcès - Whipple (maladie : infiltrations par des globules blancs contenant des débris bactériens).
- Aurait pu être un bon mémo, si plus homogène et spécifique (cf. carence, "neuro"-syphilis, insuffisances...) : il a néanmoins le mérite de faire parcourir la pathologie en TGV.
- Retenir 3 démences dégénératives, non (encore) curables **"PAC"** : PICK - Alzheimer - Chorée de Huntington.

Star-Mémo :
Emmanuel Kant (1724-1804)

Dès 1796 (c'est-à-dire à l'âge de 72 ans), ses amis le trouvent changé ... Trois ans plus tard les pertes de mémoires deviennent fréquentes et le philosophe répète les mêmes histoires tout le long de la journée. Kant perd progressivement la perception du temps (désorientation temporo-spatiale). Ces éléments permettent de supposer que le philosophe était atteint de démence sénile type Alzheimer. En février 1804, Kant meurt dans sa 80e année, en disant : *"C'est bien"*. À son époque, la nosologie démence n'en était qu'à ses balbutiements et la maladie d'Alzheimer en tant qu'entité clinique spécifique n'a été décrite qu'à la fin du XIXe siècle.

Source : *Lancet* 1997;350:1771:3.

21

5) Les 4 critères anatomopathologiques (autopsiques !) de maladie d'Alzheimer : "PPDA"

Perte neuronale

Plaques amyloïdes séniles

Dégénérescence neuro-fibrillaire

Atrophie cérébrale à prédominance pariéto-occipitale

 Remarque

- Tous les laboratoires sont à la recherche du médicament (voire du vaccin) du XXIᵉ siècle. Actuellement utilisation d'un inhibiteur de l'acétylcholine estérase.

Petite pause détente pour lutter contre la maladie d'Alzheimer :

1- Trouver le C dessous :

OOOOOOOOOOOOOOOOOOOOOOOOOOOOOOOOOOOOOOOO
OOOOOOOOOOOOOOOOOOOOOOOOOOOOOOOOOOOOOOOO
OOOOOOOOOOOOOOOOOOOOOOOOOOOOOOOOOOOOOOOO
OOOOOOOOOOOOOOOOOOOOOOOOOOOOOOOOOOOOOOOO
OOOOOOOOOOOOOOOOOOOOOOOOOOOOOOOOOOOOOOOO
OOOOOOOOOOOOOOOOOOOOOOOOOOOOOOOOOOOOOOOO
OOOOOOOOOOOOOOOOOOOOOCOOOOOOOOOOOOOOOOOO
OOOOOOOOOOOOOOOOOOOOOOOOOOOOOOOOOOOOOOOO
OOOOOOOOOOOOOOOOOOOOOOOOOOOOOOOOOOOOOOOO
OOOOOOOOOOOOOOOOOOOOOOOOOOOOOOOOOOOOOOOO
OOOOOOOOOOOOOOOOOOOOOOOOOOOOOOOOOOOOOOOO

2- Si vous avez trouvé le C rechercher le 6 dessous :

99999999999999999999999999999999999999999999
99999999999999999999999999999999999999999999
99999999999999999999999999999999999999999999
99969999999999999999999999999999999999999999
99999999999999999999999999999999999999999999
99999999999999999999999999999999999999999999

3- Maintenant, plus difficile retrouvez le N :

MMMMMMMMMMMMMMMMMMMMMMMMMMMMNMMMM
MMMMMMMMMMMMMMMMMMMMMMMMMMMMMMMMM
MMMMMMMMMMMMMMMMMMMMMMMMMMMMMMMMM
MMMMMMMMMMMMMMMMMMMMMMMMMMMMMMMMM
MMMMMMMMMMMMMMMMMMMMMMMMMMMMMMMMM

Réponse : 1- septième ligne ; 2- quatrième ligne ; 3- première ligne

.... Vous pouvez continuer..........................

- TEST : Test sérieux, car s'il s'avère négatif.... avant de réviser vos cours, allez consulter un neurologue.

.....

3 conseils préventifs pour la route :

- 1. Faire travailler les neurones (cf. *"Use it or lose it"* : le cerveau consomme 20% de l'oxygène utilisé par l'organisme) prévient l'Alzheimer (à l'opposé la retraite prématurée serait un excellent terrain alzheimerogène)

- 2. Noter que l'activité physique est également excellente sur cet aspect de travail neuronal (cf. calcul des distances...)

- 3. Vie en couple : le célibat double le risque d'avoir une maladie d'Alzheimer.

6) Médiateurs à considérer dans les 2 grandes pathologies neurologique (Parkinson & Alzheimer) : "à la lettre"

Parkinson	=>	Do**pa**mine
Alzheimer	=>	A**cé**tylcholine

Remarque

- À l'heure où la technologie permet de visualiser les différentes zones du cerveau intervenant dans les émotions (bonheur, rire...), à quand la molécule d'intelligence sur ordonnance afin de faire évoluer ce mémo ?

STAR-MÉMO :
Don Quichotte de la Mancha (1547-1616)

Les critères diagnostiques de la démence à corps de Lewy sont à peine connus depuis 10 ans ; Cervantès dans *Don Quichotte* a donné à son héros Alonso Quijano toutes les caractéristiques de cette maladie :

- hallucinations visuelles, comme en témoigne la fameuse bataille contre des moulins à vents pris pour de géants combattants !

- troubles du sommeil et fluctuations de performance du héros,

- troubles neuropsychiques et déclin intellectuel.

Si beaucoup de maladies psychiatriques ont été évoquées, il semble plutôt qu'Alonso Quijano souffrait de la démence à corps de Lewy, Cervantès s'étant probablement inspiré d'un malade de son entourage...

Source : *Journal of the Royal Society of Medecine.*

– ITEM 96 –
MÉNINGITES INFECTIEUSES ET MÉNINGO-ENCÉPHALITES chez l'enfant et l'adulte

1) Méningite : les 5 germes à envisager : "L'HBPM"

Listeria : 21 jours AB (Amoxicilline + Aminoside) et déclaration obligatoire (recherche cause alimentaire)

Haemophilius : 14 jours AB (C3G) & corticothérapie et sujets contact 4j (rifampycine)

BK : 1 an AB ("PERI") & corticothérapie & déclaration obligatoire (contagiosité)

Pneumocoque : 10 js AB (C3G +/- vancomycine) & corticothérapie & non contagieuse

Méningocoque : 7 jours AB (C3G type Claforan 200 mg/kg/j) & prévention secondaire (vaccin entourage si type "A-C" (assez)) + 2 jours de Rifampycine pour sujets contacts.

Remarque

- Devant des troubles de la conscience d'apparition rapidement progressive associés à des signes méningés après un épisode grippal, penser à l'encéphalite virale herpétique... administrer très rapidement l'Aciclovir, afin de diminuer le risque de séquelles.

- En urgence pratique : Zovirax® IV + anti-œdémateux + anti-comitiaux.

- Rappel : la méningite est une inflammation des méninges, extrêmement dangereuse, et provoquée par des agents infectieux (80 % virales, 20 % bactériennes). Il s'agit toujours d'une urgence médicale.

Signes cliniques : le syndrome méningé

– Céphalées violentes, continues.

– Phono et photophobie.

– Raideur de nuque.

– Nausées, vomissements.

Attention : Il faudra toujours rechercher un purpura, en faveur d'une origine méningococcique, ainsi que des signes de choc en faveur d'un choc septique.

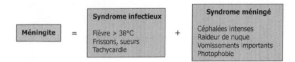

| Méningite | = | **Syndrome infectieux** Fièvre > 38°C Frissons, sueurs Tachycardie | + | **Syndrome méningé** Céphalées intenses Raideur de nuque Vomissements importants Photophobie |

- Noter que dans 80 % des cas une méningite est virale (LCR clair) et seulement 20 % des cas bactérienne (LCR purulent hormis T.P.L.S : Tuberculose - Parasite - Listeria - Syphilis).

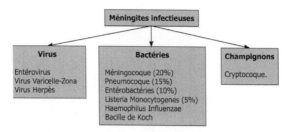

- Concernant la méningite à méningocoque les signe d'orientation sont donnés par "SHARP" : Splénomégalie - Herpès naso-labial - Arthralgies ou arthrites - Rash cutané - Purpura thrombopénique.

- Rappel : LCR valeur usuelle des constantes
  . Protéinorachie normale < 0,5 g/l avec la distribution suivante : alpha 1 glob 4 %, alpha 2 glob 8 %, béta 12 %, gamma 16 % (reste albumine = 60 %).
  . La glycorachie doit être > 50 % de la glycémie (l'hypoglycorachie est un argument biologique en faveur d'une méningite bactérienne : consommation de sucre).
  . Cytologie : GB < 5 éléments/mm³, GR < 5 éléments/mm³.

2) Méningo et Pneumo : bactériologie : 2 diplocoques à l'examen direct gram moins & gram plus : "À la Lettre"

Pneumocoque -> Gram **P**lus

Méningocoque -> Gram **M**oins.

 Remarque

- Un diplocoque retrouvé à l'examen gram moins (= méningite) doit engendrer des mesures prophylactiques.

- Concernant la microbiologie, pour mémoriser le fait que les staphylocoques sont en amas : penser "staff" où les externes s'agglutinent (= "en amas") pour écouter et boire les bonnes paroles des anciens.

- Germes à antigènes solubles (détectables) "Mes pneus cryptés sont écolos" : MES : méningocoques A ET C - PNEUS : pneumocoques - CRYPTES : cryptocoque - SONT : streptocoque B - E : haemophilus - COLO : coli (escherichia).

27

STAR-MÉMO :

Honoré de Balzac (1799-1850)

Très influencé par la médecine, Balzac lui emprunte sa terminologie pour créer quelques titres croustillants : *Anatomie des corps enseignants*, *Physiologie du mariage* ou encore *Pathologie de la vie sociale*. Par ailleurs, bon nombre de personnages médicaux apparaissent au travers de son œuvre : les docteurs Bénassis, Minoret, Rouget, ...

Tombé amoureux fou de la comtesse Hanska à l'âge de 34 ans (1833), ses voyages en Russie n'améliorent pas un état de santé déjà fragile (surpoids et son corollaire de l'époque : "goutte"...). On lui diagnostique au même moment une arachnoïdite, sorte de "méningite chronique". Bon diagnostic, puisque Balzac ne succombe que dix-sept ans après (suite à une péritonite), et seulement six mois après son mariage avec la belle Slave, à l'âge de 51 ans. Victor Hugo dira de lui *"... l'Europe va perdre un grand esprit"*.

Source : Nadine Satiat, *Balzac ou la fureur d'écrire*, Paris, Hachette, 1999. Impact Médecin Hebdo, n°456, 11 juin 1999.

3) Méningite : les 4 signes de gravité : "4C"

Cutané : purpura fulminans (à rechercher systématiquement) en faveur d'une méningite à méningocoque (potentiellement gravissime)

Choc septique : contrôle de l'hémodynamique

CIVD : indépendamment ou conséquence du choc

Coma

…tous ces signes engendrant une mise sous C3G (ex : Ciflox® 500 mg) d'urgence à forte dose dès le pré-hospitalier (domicile).

Remarque

- La méningite apparaît à 70% chez un jeune enfant (adulte sur terrain immun déficient).
- Le plus souvent virale mais parfois bactérienne (signes 4C orientant vers cette étiologie) et potentiellement très grave.
- Tout purpura avec au moins un élément nécrotique ou ecchymotique d'au moins 3 mm impose une antibiothérapie en URGENCE à domicile, avant tout examen ! (amoxicilline, ceftriaxone ou cefotaxime). N'oubliez jamais que la suspicion de méningite est une véritable "course contre la montre", tant en terme de mortalité qu'en terme de morbidité (séquelles neuro sensorielles).
- Ces signes de gravié orientent sur une cause bactérienne (épidémie généralement hivernale).
- Déclaration obligatoire pour méningite à méningocoque.
- Pas de vaccin pour la méningite B : vaccin anti-méningocoque contre les sérotypes **A et C** : pensez "v**AC**cin".

- ITEM 122 -
POLYRADICULONÉVRITE AIGUË INFLAMMATOIRE
(syndrome de Guillain-Barré)

1) Les 3 étiologies donnant une dissociation albumino-cytologique : "B C D"

Barré (Guillain-)

Compression médullaire lente

Diabète

Remarque

- Le Guillain-Barré est une polyradiculonévrite...

EXAMEN CYTO-BACTERIOLOGIQUE D'UN LCR	
Nature du prélèvement...	Liquide céphalorachidien
Aspect..........	2 pots clairs ; 1 pot hé cytologie réalsée sur po
CHIMIE	
Protéines..........	2,26 g/l
Glucose..........	1,33 g/l
Chlorures..........	7,72 g/l
CYTOLOGIE	
Numération des éléments..	<2 Éléments/mm1
Hématies	Assez nombreuses
EXAMEN BACTERIOLOGIQUE	
Examen direct	
	Absence de germes

Syndrome de Guillain-Barré, résultat de la ponction lombaire.

Réflexes :

– Toute obnubilation fébrile est une méningo-encéphalite jusqu'à preuve du contraire.

– Toute céphalée brutale en coup de tonnerre est une hémorragie méningée jusqu'à preuve du contraire.

– Tout signe neurologique (hors convulsions fébrile typique) est une tumeur cérébrale jusqu'à preuve du contraire.

– Pas de corticothérapie dans le syndrome de Guillain-Barré.

– Pas de surdité dans les SEP (sclérose en plaque).

– Pas de ponctions lombaires dans les hypertensions intracrâniennes.

– Pas de traitement de fond après une première crise épileptique.

– Un anévrisme qui a saigné (AVC) re-saignera le plus souvent dans les 10 jours.

– Heart is the killer of the brain (AVC) !!!.

– Tout ce qui convulse ou perd connaissance n'est pas forcément une épilepsie.

– La perte d'urines et la morsure de langue ne sont pas pathognomoniques de l'épilepsie, elles peuvent se voir dans toute perte de connaissance prolongée.

– Un comateux dont on ne peut ouvrir les yeux est un(e) hystérique.

– Pas d'arrêt brutal des benzodiazépines, Gardénal, Dépakine.

2) Mono et multinévrites : 4 principales causes : "Vendredi, Samedi, Dimanche, Lundi"

Vascularites

Sida

Diabète

Lèpre (atteinte ulnaire)

- ITEM 125 -
SCLÉROSE EN PLAQUE

Rappel clinique

La sclérose en plaque est une affection démyélinisante du système nerveux central (encéphale + moelle épinière). Elle débute classiquement chez les femmes entre 20 et 40 ans.

Signes cliniques

– Déficit moteur.

– Troubles sensitifs (engourdissement, brûlures).

– Paralysie faciale.

– Névrite optique rétrobulbaire, ophtalmoplégie.

– Syndrome cérébelleux.

– Troubles génito-sphinctériens.

À noter : un des éléments caractéristiques est la dissémination dans le temps et l'espace (troubles sensitifs répétés : le temps, touchant plusieurs territoires comme la main, la jambe : l'espace).

1) Sex ratio en neurologie

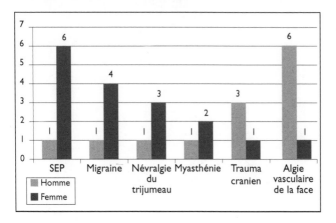

 Remarque

La sclérose en plaque (SEP) et la migraine s'avèrent des pathologies essentiellement féminines (80 % environ), à l'inverse de l'al-
gie vasculaire de la face.

2) Examens complémentaires à demander devant une suspicion de SEP : "PIPO"

Potentiels évoqués : examens visuel et également auditif et somesthésique (lésions infracliniques) précoce-
ment positifs ; anomalies dans 80 % des SEP avérées.

IRM cérébral et médullaire (élément majeur du diagnostic), avec des plaques de démyélinisation - hyper-
signaux en T2 (anomalies temporelles et spatiales).

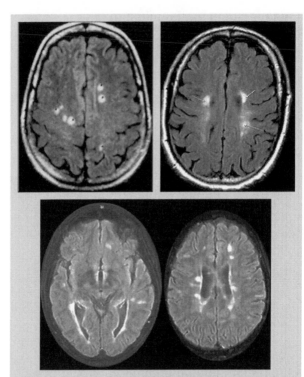

Ponction lombaire : hyper-protéinorachie modérée et distribution oligoclonale des immuno-globines (anomalies dans 90 % des SEP avérées et 40 % des SEP suspectées.

Ophtalmologique : fond d'œil...

Remarque

- Les examens complémentaires permettent surtout d'éliminer d'autres diagnostics.
- Incidence : 1 500 nouveaux cas annuel et prévalence de 65 000 patients.
- L'imagerie est de plus en plus présente en pratique et par conséquent aux ECN (tombe tous les ans depuis 5 ans). Merci à l'équipe

d'*Ikonorama* ("La solution iconographique pour les ECN", aux éditions Médicilline), d'une part pour son ouvrage remarquable (couleur, fléchage, format de poche et prix modique) et, d'autre part pour avoir mentionné le *Médi-Mémo XL* (aux éditions Estem). À coup sûr *Ikonorama* en tant que référence iconographique (et à l'image du *Médi-Mémo*) va encore équiper plusieurs générations de carabins.

3) Échelle des activités de la vie quotidienne de KATZ : "CHATTeS"

Continence

Habillement

Alimentation

Transfert

Toilette

Soins corporels

 Remarque

- Une des nombreuses échelles (avec **scoring**) pour évaluer de façon **objective** l'état d'un patient, et ainsi optimiser via un guideline sa prise en charge. La médecine des années à venir sera celle des "golden standard" et des classifications de référence (comparaison dans l'espace - au niveau international - et dans le temps).

- En terme d'économie de Santé et d'un point de vue comptable "2 chiffres après la virgule", noter que les dépenses d'un patient atteint d'Alzheimer s'élèvent à 1000 euros mensuels, d'où la nécessité d'une prise en charge collective (en plus de la détresse morale).

- ITEM 133 -
ACCIDENTS VASCULAIRES CÉRÉBRAUX

Pathologie majeure, l'AVC (150 000 par an soit 2 Stades de France : 3e cause de mortalité et 1re cause de morbidité dans les pays industriels) s'avère une des 5 priorités nationales avec :

- La télémédecine : l'Hôpital Numérique (traiter le patient de Mayotte aussi bien que celui de Paris).

- L'insuffisance rénale : rappelons que 33 000 personnes sont dialysées en France (environ 3 séances de 3 heures par sem).

- Le diabète : plus de 2 millions de Francais.

- La médecine pénitentiaire.

Enjeu actuel : accès à la thrombolyse = "5 heures (en fait 4 heures 30 exactement) pour un cerveau", puisque une prise en charge initiale rapide (après bien sûr élimination d'un AVC hémorragique - 1/5 AVC- au scanner) donne 20% de récupération totale (soit 30 000 individus !).Par suite, l'objectif serait de proposer un Centre (avec ressources humaines et plateau technique) à moins de 30 minutes de toute personne (accès au soins).

Bien maîtriser la stratégie thérapeutique devant un AVC :

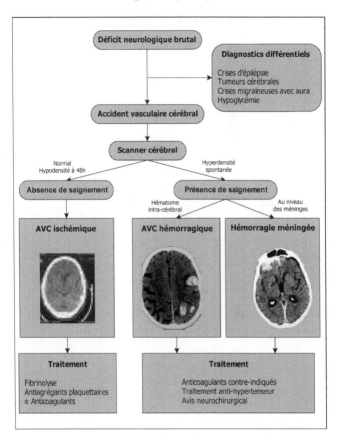

1. Les 4 principales causes d'hémorragie intracérébrale : "MASH"

Malformation artério-veineuse.

Anévrysme artériel.

Spontané (idiopathique).

HTA.

Remarque

- Cause fréquente de mort subite de l'adulte jeune (cf. morts brutales de sportifs).
- 20 % des AVC hémorragiques sont idiopathiques.
- Hémorragie récente = hyperdensité au scanner.
- Un anévrysme qui a saigné ressaignera (le plus souvent dans les 10 jours suivant l'accident).
- Un traumatisme crânien isolé ne donne pas de choc. Si choc, probable lésion viscérale associée.

2. Aphasie : comment différencier aphasie de Broca & Wernicke

Aphasie de Broca = faux **muet** (peu de parole et compréhension variable)

Aphasie de Wernick = faux **dément** (discours incompréhensible et paraphasies).

Remarque
- Rappelons les chiffres concernant l'évolution des AVC : "4-4-2".

- Pronostic global mémo facile à retenir pour ceux qui "ont du ballon" (jouer au foot en 4-4-2) :
  . 40 % autonomes ou séquelles minimes ;
  . 40 % de séquelles importantes ;
  . 20 % décès à court terme.

- 80% des AVC sont ischémiques : néanmoins pas d'anticoagulants sans scanner ! Actuellement, pas de consensus sur l'efficacité des anticoagulants en phase aiguë, hormis quelques cas spécifiques : AIT crescendo, AIC d'origine cardio-embolique...

- N'oubliez pas qu'on ne parle d'AIT (accident ischémique transitoire) que si symptomatologie complètement régressive en moins d'1h. 15 % de risque AVC sous 3 mois après un AIT.

- L'incidence de l'infarctus cérébral est de 5 % par an pendant 5 ans chez les personnes ayant subi un AIT, versus 1 % par an dans la population générale.

3. Les 6 éléments du syndrome de Wallenberg :
"Cinq belles pines crachent des bulles"

CINQ : atteinte du **V** (trijumeau : insensibilité de l'hémiface).

BELLES : syndrome céré**belle**ux (statique).

PINES : s**pin**othalamique (atteinte du faisceau).

CRACHENT : syndrome de **C**laude Bernard-Horner (plus lent à régresser)

DES : trouble de la **dé**glutition.

BULLES : syndrome vesti**bul**aire.

Star-Mémo :

Hector Berlioz (1803-1869)

Issu d'une famille de médecins grenoblois, le jeune Hector s'engage lui aussi dans cette voie avant d'être attiré, très rapidement, par la musique.

Entré au Conservatoire, son talent est surtout reconnu à l'âge de 24 ans (1827), quand il compose la *Symphonie fantastique*, œuvre qui n'est pas sans rappeler certains moments tragiques de sa vie.

Une santé fragile accentuée par une surcharge de travail le force à réduire ses activités. Souffrant d'une "congestion cérébrale", il effectue tout de même plus de cinquante concerts avant de succomber en mars 1869, à l'âge de 66 ans.

Source : Henry Barraud, *Hector Berlioz*, Hermes, 1966.

Cet exemple de pathologie chronique (l'OMS en recense 80) permet de mieux comprendre le concept de "transition épidémiologique" ainsi que les "écarts gouffres" observés sur la planète :
- Au Sud : pathologies aiguës chez des jeunes pauvres ruraux.
- Au Nord : pathologies chroniques qui décompensent régulièrement, chez des sujets âgés, solvables et citadins.

Deux chiffres pour mieux apprécier la distance à parcourir pour que"la Terre ne soit plus qu'un seul pays" :
- Dépenses médicales : UE : 2 600 euros/an/hbt, versus 13 euros en Afrique (rapport 1 à 200).
- Densité médicale : Occident : 1 médecins/300 hbts versus 1 pour 25 000 en Afrique (rapport 1 à 83).

Comme le dit le proverbe d'Outre-Rhin : *"Heureux comme Dieu en France..."*

- ITEM 146 -
TUMEURS INTRA-CRÂNIENNES

Aspect du LCR en IRM : *"En P1 tu bois du café, en P2 tu bois du pastis"*

En **P1** tu bois du **café**   > en **T1** le LCR est **noir** ;

En **P2** tu bois du **pastis**   > en **T2** le LCR est **blanc**.

Remarque

En neurologie, n'oubliez pas la vitamine B ("vitamine du neurologue") dans vos prescriptions.

STAR-MÉMO :
Anthony Burgess (1917-1993)

Après une enfance difficile liée en partie au décès prématuré de sa mère, Burgess épouse une tenancière de pub. En 1959, lors d'une visite de routine chez un médecin, celui-ci dépiste une tumeur au cerveau et lui déclare qu'il ne lui reste qu'une année à vivre. Par crainte de laisser son épouse sans le sou, il se met à écrire pour la faire profiter d'éventuels droits d'auteur. Travailleur acharné, il rédige cinq romans la première année, toujours tenu par l'ultimatum morbide... mais sa femme décède avant lui. Continuant sa fièvre littéraire, il devient le créateur génial d'*Orange mécanique*, entre autres, et ne meurt qu'en 1993 (soit 24 années après le "premier pronostic")... d'un cancer.

- ITEM 230 -
COMA NON TRAUMATIQUE

1) Coma, les 7 principales causes : "TIME TOP"

Traumatique et Tumorale

Infection (méningites,...) : fièvre,...

Métabolique (foie, pancréas, thyroïde, rein) : hypoglycémie ++

Epilepsie : terrain, morsure langue, urine, amnésie post-
critique...

Toxique et drogues (alcool, overdose, BZD, BBT et poi-
son C_2H_5OH) : cf. haleine (alcool) ; pupilles (héroïno-
manes pupilles en tête d'épingle)

O2 (Hypoxie - CO - CO_2)

Psychiatrique : si simulation = réaction à la douleur ina-
daptée (cf. pression bilatérale sous-mandibulaire).

Remarque

- La mydriase traduit déjà un état avancé du coma.

- Gestes à effectuer devant tout coma : PLS - Luxation antérieure
de mandibule - Ablation des prothèses dentaires - Guédel (mise
en place d'une canule) - Aspiration oro-pharyngée - Voie vei-
neuse - Scope, sonde gastrique, vésicale. On pourra rajouter : glycémie au doigt, prélèvement de sang (Groupe, Rh RAI, Iono
Sanguin, toxiques, alcoolémie) voire intubation.

- Prévention fausses routes avec pneumopathies inhalation +
Complications thrombo-emboliques - Examens complémentaires : EEG-F.O - Scanner cérébral.

2) Coma, les 3 éléments du score de Glasgow dans l'ordre : "YOM - 456"

Yeux (échelle de 1 à **4**) selon "SODA": Spontané - Ordre - Douleur - Absence

Oral (échelle de 1 à **5**) selon "OCACA" : Orientée - Confuse - inApropriée - inCompréhensible - Absente

Moteur (échelle de 1 à **6**).

Remarque

- Alternative : "**IBM 456**" : Iris (ouverture yeux ; **4** points). Bouche (réponse verbale ; **5** points). Main (réponse motrice ; **6** points).
- Alternative n°2 : "**Oeil parle : moteur**"
- Tableau score de Glasgow :

Ouverture des yeux	Réponse motrice	Réponse verbale
– Spontanée : 4	– Sur ordre : 6	– Appropriée : 5
– Stimulation verbale : 3	**À la douleur**	– Confuse : 4
– Stimulation douloureuse : 2	– Réponse orientée : 5	– Incohérente : 3
	– Retrait : 4	– Incompréhensible : 2
	– Décortication : 3	– Absente : 1
– Absente : 1	– Décérébration : 2	
	– Absente : 1	

On part des yeux et l'on descend : Yeux - bouche - Membres, et le scoring est inversé et arrive en 4ᵉ (5-6). Sinon, différents moyens de se remémorer YOM (Gui-yom, Kippour,..).

- Classique du Coach : "Glasgow à 15 pas besoin d'appeler le 15".
- Score le plus bas = 3 (1 = 1 = 1) = mort cérébrale (connaître les critères de mort cérébrale pour une éventuelle greffe = course contre la montre).
- Le Glasgow a un intérêt très important en contexte d'urgence (médecine pré-hospitalière...) :
- Intubation à partir de 7-8, pour protéger les VAS.

- Cas des intoxications médicamenteuses : 7 réflexes = 1) Dose maximale supposée (cf. ordonnance ++) ; 2) Heure (cf. 1/2 vie) ; 3) Poly-intoxication dans 50 % des cas (alcool cf. haleine, médicaments...) : 4) Corrélation pharmaco-clinique : benzodiazépine cf. anxiolytique (coma calme) - tricyclique cf. antidépresseur (coma agité) et risque cardiaque important si intoxication par : nivaquine, et tricyclique (en plus des médicaments cardiotropes) ; 5) Terrain : cf. femme jeune ou BPCO6 CAT : PLS (cf. risque inhalation) - monitoring - charbon (carbomix 50 g) si 1re heure - lavage gastrique discuté si début + Antidotes (benzodiazépine / anexate que si benzodiazépine uniquement - Morphinique / Narcan - Paracétamol/ N acétylcystéine - Digitalique / Fab - CO / hydrocobolamine).

- Alternative : avec les echelles de mesures : "4 YEUX pour voir les jackSON 5, ROULER dans une 6 cylindres"

- Noter également l'ancienne échelle des comas (du vigile = stade 1 au dépassé = stade 4).

Star-Mémo :

Vladimir Ilitch Oulianov, dit *Lénine* (1870-1924)

26 mai 1922 : Lénine présente une première attaque avec atteinte de l'hémisphère cérébral gauche. Ceci engendre des troubles de l'élocution ainsi qu'une atteinte du bras et de la jambe droite.

Ses apparitions publiques se font dès lors beaucoup plus rares et en janvier 1924, il décède après trois récidives d'attaque cérébrale...

Source : *The practitioner*, avril 1970, vol 204.

- ITEM 235 -
ÉPILEPSIE DE L'ENFANT ET DE L'ADULTE

PORTRAIT MINUTE : Qu'avaient en commun Jules César, Jeanne d'Arc, Alfred Nobel et Agatha Christie ? Ils étaient épileptiques.

L'épilepsie est une pathologie courante et on estime qu'en France, chaque jour, 140 crises convulsives (40 000 crises convulsives annuelles) et 70 personnes en moyenne reçoivent un diagnostic d'épilepsie.

Quelques chiffres pour penser à l'échelle mondiale :

- **50 millions** de personnes souffrent d'épilepsie dans le Monde (un peu moins de 1% de la planète - rappel équation aux dimensions : France = +/- 70M = 1% des 7 milliards individus... par suite : 50 M < 1%.

- **90** % des épilepsies ne sont pas sous traitement en Afrique alors que les médicaments existent et sont peu coûteux.

- Une fois de plus : *"Ce ne sont pas les médecins qui vont déparasiter l'Afrique"*... mais des projets de proximité (centres de santé primaires avec des médecins formés mais sans nécessité de plateaux techniques avancés) : vaccinations méningites, prévention des AVP (cf. casques, ceintures sécurité,...), croyances et pratiques traditionnelles.

Concernant l'aspect diagnostique et étiologique, ces 4 tableaux permettent de maîtriser l'essentiel de l'information :

- La crise convulsive généralisée de diagnostic très facile, avec les 3 étapes :

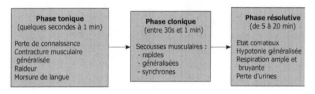

- Origine épileptique (50% des cas) d'une crise convulsive :

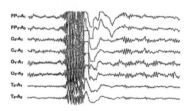

- Étiologies des crises convulsives non épileptiques (50% des cas) :

Appareil	Etiologies
Causes neurologiques	Accidents vasculaires cérébraux Hémorragie méningée Crises d'épilepsie Tumeurs cérébrales
Causes traumatiques	Hématome extra-dural Hématome sous-dural Hématome intra-cérébral
Causes infectieuses	Méningites Méningo-encéphalites Hyperthermie (nourrisson)
Causes métaboliques	Hypoglycémie Hypocalcémie Hyponatrémie
Causes toxiques	Intoxications médicamenteuses Alcool Monoxyde de carbone (CO)
Autres	Défaillance circulatoire Arrêt cardio-respiratoire

- Crises partielles : plus difficiles à reconnaître (dépendant de la localisation de la décharge électrique), leurs symptomatologies sont de différentes natures :

Nature des crises	Exemples
Motrices	Crises Bravais-Jacksoniennes (convulsions cloniques débutant à l'extrémité d'un membre puis s'étendant, d'un territoire à l'autre, vers sa racine) Crises toniques : - Elevation d'un bras - Déviation de la tête et des yeux
Sensitives	Visuelles Olfactives Auditives Gustatives
Psychiques	Impressions bizarres Peurs
Temporales	Impressions de déjà-vus Troubles de la mémoire

1) Thérapeutique : indications des anti-épileptiques selon le type de crises (généralisée, partielle, mixte) : "à la lettre"

Gardénal : **G**énéralisée

Dépakine : les **D**eux c.à.d. généralisée et partielle.

... Par suite : Le Dihydan et le Tégrétol --> le reste c'est-à-dire partielle.

 Remarque

- Antiépileptiques du petit mal "BZD" : Benzodiazépine - Zarontin® - Dépakine® (correspond également aux antiépileptiques non inducteurs enzymatiques).

- Une femme épileptique sous contraceptif oral : éviter tout autre antiépileptique que la Dépakine®. - Effets secondaires de la Dépakine® : Alopécie ; Nausées et vomissements ; Thrombopénie ; Inhibiteur enzymatique ; Prise de poids ; Hépatite ; Acné ; Douleur épigastrique ; Attitude (tremblement d') ; Somnolence.

- Gardénal® : Prise unique le soir ; équilibre autour de la concentration thérapeutique (10-25 mg/L) généralement en 2 à 3 semaines.

- A parcourir seulement pour effets secondaires du Gardénal® : Grossesse et allaitement - Asthénie : somnolence diurne - Rachitisme et ostéomalacie (carence en vitamine D), rhumatisme gardénalique - Dermatologique : allergie, acné, syndrome de Lyell... - Excitation paradoxale chez l'enfant - Neuro-algodystrophie - Anémie mégaloblastique (par carence en folates) - Loufoque : limiter l'indication chez les sujets âgés, risque de confusion mentale - Enzymatique (inducteur) : interférence médicamenteuse (anticoagulants oraux...).

STAR-MÉMO :

Fiodor Mikhailovitch Dostoïevski (1821-1881)

Il a souffert d'au moins 400 crises d'épilepsie généralisée !

Sa maladie l'a inspiré pour de nombreux personnages, particulièrement le prince Mychkine dans *L'Idiot* (1869), où Dostoïevski décrit une crise d'épilepsie temporale, 20 ans avant la publication officielle sur ce sujet ! Bien avant les scientifiques, il a également décrit d'autres manifestations de sa maladie (impression de déjà-vu, fuite des idées, état de "dreamy state"…)

Dostoïevski a aussi mis en évidence les facteurs déclenchants ses propres crises : manque de sommeil, alcool, stress, émotions, et plus bizarrement le mauvais temps (aurait-il fait un séjour en Angleterre ?) !

Les crises survenaient souvent durant les moments créatifs du romancier : ainsi, la réalisation de *L'Idiot* lui coûta 12 crises généralisées sur une période de 3 mois ! Ainsi, le fait d'être confronté assez jeune à un aléa de la vie (pathologie chronique, accident…) peut orienter certains individus à concentrer leur énergie (psychique et physique) vers une œuvre (littéraire, scientifique, humanitaire…) pour laquelle ils n'étaient pas initialement prédisposés…

Sans son épilepsie, Dostoïevski aurait-il laissé son nom à la postérité ?

Source : *Australian Family Physician*, vol 23, n°1.

2) Thérapeutique : posologie des anti-épileptiques chez l'enfant et l'adulte (traitement d'entretien) : *"T'es De Garde Dimanche 1(0)-2(0)-3-4"*

Tes 10 : **Tegretol 10** mg/kg/j chez l'adulte et 20 chez l'enfant.

Dès 20 **Dépakine 20** mg/kg/j chez l'adulte et 30 chez l'enfant.

Garde 3 : **Gardenal 3** mg/kg/j chez l'adulte et 4 chez l'enfant.

Dimanche : **Dihydan 4** mg/kg/j chez l'adulte et 5 chez l'enfant.

Remarque

- Chez l'adulte : 10-20-3-4 et ajoutez une unité chez l'enfant c.à.d. : 20-30-4-5.
- Rappel : Dihydan = Hydantoine.
- Alternative memo : Posologie des antiépileptiques: "**GHT DZ : 3. 3. 10. 30. 30**".

Gardénal	3 mg/kg/j
Hydantoïne	3 mg/kg/j
Tégrétol	10 mg/kg/j
Dépakine	30 mg/kg/j
Zarontin	30 mg/kg/j

PERSO MEMO : "Rassurez vos patients", à travers la biographie de Flaubert (et de tous les autres personnages hors normes), vous pouvez composer avec une épilepsie et avoir une vie totalement normale. Remarquons que grand nombre d'écrivains (Flaubert, Dostoïevski, Poe, Christie,...) étaient épileptiques, ce qui peut se comprendre dans la mesure où l'écriture est une activité peu épileptogène (hasard et nécessité).

STAR-MÉMO :

Gustave Flaubert (1821-1880)

Les crises d'épilepsie de Flaubert sont la conséquence d'une lésion de l'hémisphère cérébral gauche et non pas d'une névrose, comme le prétend Sartre dans *L'Idiot de la Famille*.

La maladie le contraint ainsi à la solitude et lui laisse tout le temps pour exercer son art : *"Ma maladie aura toujours eu l'avantage qu'on me laisse m'occuper comme je l'entend"*. Contrairement à Dostoïevski, sa maladie ne "transpire pas" dans son œuvre.

Source : *Revue Neurologique*, Paris, 1982, 138, 6-7, 467-492.

3) Traitement de l'état de mal épileptique : *"RIRI DEALE des BARBITURIQUES"*

RI : Rivotril® 1 mg ILV.

RI : Rivotril® 1 mg IVL 10 min. + tard si échec.

DEALE : Dilantin® IVL systématique après échec/efficacité du Rivotril®.

BARBITURIQUES (= artillerie lourde) = Penthotal® ("sérum de vérité") en IVL si échec du Dilantin® : met l'EEG à plat (donc forcément ne convulse plus).

Remarque

- Avoir cette séquence filmée en tête en cas de garde d'urgence ou au Samu.

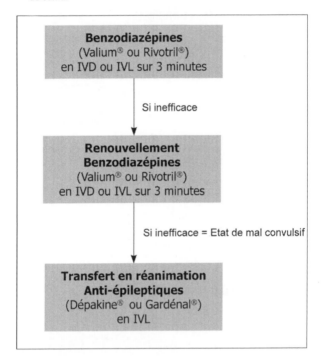

- ITEM 244 -
HÉMORRAGIE MÉNINGÉE

1) Complications aiguës et tardives des hémorragies méningées : "SHON-SHEn"

4 complications aiguës, **"SHON"** :

    Spasme artériel et ischémie cérébrale.

    Hydrocéphalie aiguë.

    Oedème cérébral.

    Nouveau saignement (récidive).

3 complications tardives, **"SHEn"** :

    Séquelles neuropsychiques.

    Hydrocéphalie à pression normale.

    Epilepsie.

 Remarque

- Typiquement : "Coup de tonnerre dans un ciel serein"

- Principes du traitement médical de l'hémorragie méningée : "MUSCADET"

Mise en condition	(hospitalisation, voie veineuse…).
Ulcère : traitement	(Azantax® par ex.).
Spasme : traitement	(Nimotop® par ex.).
Convulsion : prévention	(Rivotril® par ex.).
Anxiété : traitement	(Lexomyl® par ex).
Douleur : traitement	(antalgie niveau 1 & 2)
Eau : restriction	(hydrique).
Tension : contrôle	(Loxen® par ex.).

- Contre-indications de la nimodipine "GABA" : Grossesse - Anticalciques associés - Bêtabloquants - Aldomet®.

2) 5 principaux terrains d'hématome sous-dural (HSD) chronique : "5 A"

Ages extrêmes

Alcoolisme

Anticoagulant

Antécédents d'HSDC

Assoiffé (déshydraté)

 Remarque

- L'hématome extra-dural peut parfois s'avérer non pas une urgence neurochirurgicale mais une urgence chirurgicale. L'hématome sous-dural évolue de façon beaucoup plus lente.

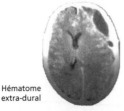

Hématome
extra-dural

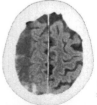

Hématome
sous-dural

Après avoir fait le plein de technologie, un peu d'oxygène avec ce petit proverbe en droite ligne de La Timone : *"Mieux vaut avoir la maladie de Parkinson que celle d'Alzheimer car il est préférable de renverser un peu son pastis que d'oublier de le boire"*.

- Parkinson : 120 000 en France (prévalence 1/700 habitants) & 6,5 millions dans le Monde : un traitement par stimulation des structures cérébrales profondes est réalisable dans près de 10 % des cas, et s'avère efficace. Rassurons-nous, d'ici 2030, comme précisé plus haut, quelques 5 millions de Chinois souffriront de Parkison (& 30 millionsd'Alzheimer)... normal si l'on considère l'équation aux dimensions Chine = 20 France (géographiquement & démographiquement).)

- Bien différencier Maladie de Parkinson (origine dégénérative et pas de guérison... hormis un miracle type Lourdes) avec lésion irréversible du cerveau (destruction progressive de tous les neurones produisant la dopamine), des syndromes parkinsonniens (certains parfois d'origine dégénérative également, mais le plus souvent acquis sans qu'il y ait atteinte des neurones) qui peuvent être réversibles (prise de neuroleptiques, trouble psychologique, voire maladie de Wilson - trouble métabolique engendrant un excès de cuivre dans les tissus....). Un syndrome Parkinsonien survenant avant 40 ans doit faire rechercher une cause réversible.

1) Alzheimer - Parkinson : neuromédiateurs en cause

Parkinson	=>	Do**pa**mine
Alzheimer	=>	**A**cétylcholine

 Remarque

- Pathologie due à une dégénérescence d'un groupe de neurones (secrétant la dopamine) située dans une petite partie du cerveau appelée la substance noire. Le déficit en dopamine induit les troubles moteurs de la maladie de Parkinson. La dopamine participant à la fluidité des mouvements, sa diminution engendre tremblement des membres, raideur musculaire, et lenteur des gestes.

- La plupart du temps au moment du diagnostic (généralement entre 40 et 60 ans avec sex ratio = 1), la maladie de Parkinson est déjà bien avancée, avec près de 60% des neurones dopaminergiques définitivement détruits.

- D'ailleurs, concernant la chimie du cerveau, il est remarquable de noter que les Parkinsoniens (déficit en dopamine) ne baillent pas, de même qu'un patient sous neuroleptique (même effet induit).

- De façon plus détaillée : médiateurs chimiques intervenant dans la maladie de Parkinson *"Laurent DumaS A une Grosse Pine"* = **L**ocus niger : **D**opamine - **S**triatum : **A** cétylcholine - **G**aba : **P**allidum.

PERSO MEMO : Un excellent exemple pour visualiser l'évolution neuropsychologique de la pathologie (de très nombreux auteurs s'accordent sur le fait que Hitler était Parkinsonien à un stade avancé au moment de son décès).

Star-Mémo :

Adolf Hitler (1889-1945)

Le tremblement de son bras gauche est le premier symptôme de la maladie à apparaître en 1934, l'obligeant déjà sur les photos de l'époque à tenir sa main gauche. Entre 1943 et 1945, cette maladie a peut-être altérée sa conduite de la guerre, notamment par : la dépression, la toxicité médicamenteuse, les troubles cognitifs, et une possible (!) démence associés…

Source : *Parkinson's Disease : Advances in neurology*, vol 80 Lippincott Williams et Wilkins 1999.

2) Parkinson : triade clinique : "RAT"

Rigidité posturale : raideur des membres ("signe de la roue dentelée") et du tronc, avec prédominance sur les muscles fléchisseurs… d'où l'attitude générale en flexion.

Akinésie : lenteur et rareté du mouvement (démarche et faible balancement des membres), marche à petits pas, rareté du clignement des yeux ("visage apathique").

Tremblements de repos (ne touche jamais la tête) : unilatéral au début, débutant au membre supérieur, distal, de basse amplitude, lent (4 à 8 cycles/s), disparaît pendant un mouvement volontaire et durant le sommeil, à l'inverse aggrave par la fatigue l'émotion et le calcul mental.

Remarque

- Alternative scrabble : TAR - ART.
- Egalement HTA : Hypertonie extra-pyramidale (rigidité) - Tremblement - Akinésie.

STAR-MÉMO :

**Cassius Clay, alias "Mohammed Ali"
(1942-)**

Ce célèbre boxeur, champion du monde des poids lourds de 1964 à 1967, puis 5 ans privé de licence, est redevenu, par un retournement quasi miraculeux, le "Dieu vengeur des rings" entre 1974 et 1978 (date de son combat historique contre Foreman à Kinshasa - Zaïre). Comme de nombreux autres boxeurs, il souffrira ultérieurement de graves troubles nerveux : en particulier de la maladie de Parkinson, attribuée aux traumatismes cérébraux répétés. Ceci explique pourquoi, dans la boxe moderne, les entraînements s'effectuent avec de multiples protections cérébrales et sous suivi médical.

3) Traitement : 5 principales contre-indications de la L. Dopa : "H. DOPA"

Helicobacter Pilori : poussée ulcéreuse en évolution.

Dermatologique (mélanome).

Ophtalmologique : glaucome par fermeture de l'angle.

Psychique trouble (psychose, démence) et pas d'arrêt et début brutal du traitement.

Arythmie cardiaque (CG), insuffisance cardiaque, infarctus.

Remarque

- 2 manières de traiter le Parkinson :

1. DOPATHÉRAPIE (quantitatif) : administrer un précurseur de la L.Dopa (la Dopa ne peut être directement ingérée), la Levodopa qui se transforme en dopamine à l'intérieur du cerveau.

2. AGONISTES Dopaminergiques (qualitatif) : groupes de molécules, ayant la propriété de stimuler les récepteurs à la dopamine situés à l'intérieur du cerveau.

- Ces médicaments apportent dans un premier temps une réelle amélioration ("Lune de miel" : 50 % d'efficacité après 5 ans de traitement)... ils engendrent souvent (environ 75 % des cas) des dyskinésies, imputables à un dysfonctionnement du NST (Noyau Sub Thalamique). C'est à ce titre qu'un traitement neurochirurgical (micro-stimulation via l'implantation d'un stimulateur thalamique) réduit de façon spectaculaire les symptômes moteurs du Parkinson. On peut diminuer les symptômes en prescrivant un précurseur de la dopamine, mais on ne sait pas guérir la maladie (ou stopper son évolution).

- Pour être complet : "J'aime H.DOPA ("GM H.Dopa")" - ajouter les 2 classiques indépendant de toute classe médicamenteuse : **G**rossesse et allaitement ; **M**édicaments (associations médicamenteuses : cf. Navir® : NRL, anesthésiques volatils halogénés, vitamines B12, IMAO non sélectifs, réserpine).

- De ces contre-indications découle le bilan, faire **"FER"** : **F**ibroscopie gastrique au moindre doute - **E**CG - **R**adio thoracique.

- Maladie de Parkinson, éléments à associer dans tous les cas, **"PARC"** **P**sychologie (soutien) - **A**ntidépresseur si besoin - **R**ééducation fonctionnelle - **C**harge (prise en charge 100%).

- Pharmacologie = Quelques noms d'agonistes Dopa pour le traitement : "DTPA" **D**opergique. **T**rivastal®. **P**arlodel® (bromocryptine). **A**mantadix® (amantadine).

- Parcourir rapidement, les principaux effets secondaires à surveiller chez un patient sous la L. DOPA, "MODOPARD" : **M**émoire et trouble psychiatrique (surtout si âgé) - **O**n-off (effet) - **D**yskinésie - **O**phtalmologie : diplopie - **P**ostural : hypotension - **A**rythmie cardiaque - **R**étention urinaire - **D**igestif : nausées, vomissements, anorexie.

Star-Mémo :

Bernard Buffet (1928-1999)

Le célèbre peintre est atteint de la maladie de Parkinson. Le tremblement allié à la rigidité musculaire invalide l'artiste qui ne supporte pas cette déchéance physique. "La Mort" est le thème de sa dernière exposition. De grandes toiles de 2 mètres de haut représentent des squelettes vêtus d'habits multicolores. Six mois après, il se suicide en s'étouffant à l'aide d'un sac en plastique...

Source : *Figaro Magazine.*

- ITEM 326 -
PARALYSIE FACIALE

Appellation moderne des 12 paires de nerfs crâniens : *"Oscar orateur outsider trop triste à l'idée de Vieillir, glousse vaguement avec hypocrisie"*

I	**O**lfactif
II	**O**ptique
III	**M**oteur oculaire commun
IV	**P**athétique
V	**T**rijumeau
VI	**M**oteur oculaire externe
VII	**F**acial
VIII	**A**uditif
IX	**G**losso-pharyngien
X	**P**neumogastrique
XI	**S**pinal
XII	**G**rand hypoglosse

Remarque

Alternative à la classique liste des nerfs crâniens : *"Oh Oscar Ma Petite Thérèse Me Fait À Grand peine Six Gosses"*.

- Typage Sensitif/ Moteur/ Mixte des nerfs crâniens : *"Someone says money matters, but my boss says big boobs matters more"*

Paire crânienne	Moteur / Sensitif / Mixte
1 Someone :	Sensitif
2 Says :	Sensitif
3 Money :	Moteur
4 Matters :	Moteur
5 But : Both =	Mixte
6 My :	Moteur
7 Boss : Both =	Mixte
8 Says :	Sensitif
9 Big : Both =	Mixte
10 Boobs : Both =	Mixte
11 Matters :	Moteur
12 More :	Moteur.

- Au niveau thérapeutique, dans le cas fréquent de bilan organique négatif (biologie & imagerie), prescription de : 7 jours d'antiviraux avec discussion de l'intérêt de la corticothérapie (20 mg de prednisolone). Habituellement prescrite pour une durée de 7 à 15 jours : guérison à 85 % à 3 mois avec corticoïdes (versus 64% sans corticoïdes).

- Partie 2 -
PSYCHIATRIE

"Le DÉSIR est le propre de l'Homme" ("Lao Wang" Cadiet)

Bien différencier 2 paradigmes culturels :
- La philosophie asiatique inspirée du bouddhisme (= pas de "Sankara" = pas de désir, pour être heureux), vise à limiter les désirs. Ainsi vous évitez la frustration : *"on ne peut pas tout avoir"* & *"un désir en engendre un autre"*.
- Inversement la culture occidentale (& la société de consommation avec son marketing roi pour susciter l'envie) valorise le désir accompli : Happy = Happen = réalisation de ses aspirations (cf. la pyramide de Maslow).

Alors, finalement, le BONHEUR ? Savoir se dire *"J'ai plus que ce que je désire (no "Sankara")"*, voire ne désirer que ce qui est accessible (si objectif trop important sentiment de frustration et échec). Et concluons sur cet élément de réflexion : *"Il n'y a point de chemin vers le bonheur, le bonheur, c'est le chemin"* (Lao Tseu) sinon vous serez en permanence confronté à ce sympathique constat de Woody Allen : *"Ah, ce que je serai heureux ... quand je serai heureux !"*

SOMMAIRE
PSYCHIATRIE

PLAN PSYCHIATRIE	Mémo
Généralités	
1. Devant tout syndrome psy les 4 urgences médicales à éliminer systématiquement	COSI
2. Évolution habituelle d'un syndrome psychiatrique	règle des 1/3
9. Hospitalisation à la demande d'un tiers et hospitalisation d'office	
1. Âge moyen des pathologies neuro-psychiatriques	Mapping Mé
2. Principaux éléments diagnostiques de l'anorexie mentale	6 A
44. Risque suicidaire de l'enfant et de l'adulte : identification et prise en charge	
1. Suicides, les 4 éléments justifiant une hospitalisation dans le cadre d'un syndrome dépressif	(suic)..... IDE
2. Devant une dépression, évaluer les 3 principaux éléments environnementaux du risque de suicide (l'urgence psychiatrique)	CIA
70. Deuil normal et pathologique	
1. Psychologie médicale, réaction à la mort : les 5 étapes dans l'ordre chronologique	DC Mais GRA
177. Prescription et surveillance des psychotropes	
Tiroir thérapeutique et prise en charge psychiatrique : toujours penser "global" en 6 points	100% PSICH
Anxiolytiques : les 4 propriétés pharmacologiques des benzodiazépines	ASMA
Neuroleptiques : Contre-indications relatives des lithothérapies : les 8 CI absolues au lithium	règle des 4 N.A.R.C.O.T.
Bilan pré-thérapeutique à la recherche de CI à la lithothérapie	ICTÈRE
4. Antidépresseurs : 4 principaux effets secondaires fréquents des antidépresseurs non tricycliques :	CSCT
Tricyclique (antidépresseur Tri) dans la mélancolie ; contre-indications absolues :	C. GABI
Bilan avant la prescription d'antidépresseurs tricycliques	OCP

Utilité (en examen ou pratique)	Pertinence	Visuel	Star Mémo
+	+	- Tableau : causes organiques à l'origine d'un syndrome psychiatrique	
+			
+	+	- Tableau : pathologies neuro-psy/âge - Schéma mémo : trouble perception corps	
+	+		Aristote
+	+		Boulanger Zweig
		Alternative Cédant à mes anxiolitiques - Echelle : Lithiémie efficace & toxique	
			Gauguin
			Claudel

PLAN PSYCHIATRIE *(suite)*	Mémo
184. Agitation et délire aigus	
1. Psychoses-Délire = décrivez les 6 éléments d'un délire	TOMATE
2. Alternative mémo, description d'un délire	MST & AID
3. 5 éléments de bon pronostic d'une BDA	BDA DT
189. Conduite suicidaire chez l'adolescent et l'adulte	
1. Suicides, les 4 éléments justifiant une hospitalisation dans le cadre d'un syndrome dépressif	(suic)IDES
199. État confusionnel et trouble de conscience	
1. Les 7 différents éléments du syndrome confusionnel	GDS PAO
2. Causes de syndrome confusionnel	VICTIME
266. Névrose	
1. Les 4 grandes névroses	OPHrA
2. 4 grands risques communs à toutes les névroses	DADI
3. Les 7 troubles de l'anxiété englobant les 4 principales névroses (cf "OPHrA")	PAPA ToC
4. Névroses, les 5 moyens de défense selon Freud	RAPID
5. Symptômes spécifiques aux névroses obsessionnelles	ROI de PIC
278. Névrose	
1. Délires chroniques (schizophrénie & paranoïa) ; les 3 éléments aboutissant au diagnostic de schizophrénie	DAD
4 formes cliniques de schizophrénie	SCHizoPhren
Autismes (enfant), les 4 symptômes cardinaux	LISI
Les 3 principaux éléments caractérisant un délire paranoïaque ("PerSiste Un" - ou "Inter PerSiste")	PSI
La personnalité paranoïaque ("pas de délire paranoïaque sans personnalité paranoïaque"), les 4 principaux signes	MOI JE

Utilité (en examen ou pratique)	Pertinence	Visuel	Star Mémo
	+	- Tableau : description d'un délire - Schéma mémo : BDA - Tableau : description du délire selon les 6 dimensions	
+	+		Tassaert
	+		
	+	- Les 8 traits de personnalité "EH LA MISS"	Darwin
+			
	+	Description de la personnalité para-noïaque en plus détaillée "JURY MAIS ASSURE"	Ceaucescu

PLAN PSYCHIATRIE *(suite)*	Mémo
285. Trouble de l'humeur : psychose maniaco-dépressive	
1. La triade diagnostique d'interrogatoire de la dépression	DEPs
2. Dépression, 3 principales substances dépressogènes à rechercher	HCL
3. Devant une dépression, évaluer les 3 principaux éléments environnementaux du risque de suicide (l'urgence psychiatrique)	CIA
4. PMD : épidémiologie, équation aux dimensions	PMD = 1%
5. Syndrome maniaque, les 4 principaux médicaments maniacogènes	CAÏD
6. Le syndrome maniaque (à parcourir seulement)	MANIES
7. PMD et Lithothérapie, les 8 CI absolues au lithium	N.A.R.C.O.T
8. PMD : bilan pré-thérapeutique à la recherche de CI	ICTÈRE
9. Suspicion de surdosage, traitement par	DEA
286. Troubles de la personnalité	
1. Personnalité obsessionnelle	
2. Personnalité paranoïaque	
3. Personnalité schizophrénique	
4. Personnalité hystérique	

Utilité (en examen ou pratique)	Pertinence	Visuel	Star Mémo
+	+	- Tableau : auto-évaluation et scoring syndrome dépressif	
+	+	- Tableau des causes organiques à éliminer devant une pathologie psy	
	+	Schéma mémo : accès maniaque	Hemingway
		Schéma mémo	
		Schéma mémo	
		Schéma mémo	
		Schéma mémo	

INTRODUCTION
"Quelques éléments de réflexion"

Au niveau Monde "GLOBALISÉ" : 4 messages :

- **Suicide = l'URGENCE PSYCHIATRIQUE** : *"Moyen de ceux qui n'ont plus de moyens"*. Noter ces ordres de grandeur approximatifs sur leur incidence : Monde entier : 1/10 000 per/an - **US : 1,9** - Chine 2,3 - Japon 2,5 - **Russie 4,5** (**France** environ **10 000 suicides/an soit 1,4 pour 10 000 pers**)- +/- 1000/Mois = **2 fois AVP** soit environ 1,6).

- Spécificité française : **1/5** (21,4%) **Français a consommé des anxiolytiques au cours des 12 derniers mois** (contre **1 Allemand sur 20** - soit 4 fois plus en France). Depuis maintenant près de 10 ans, la surconsommation de psychotropes en France, et des médicaments de manière générale, est pointée du doigt par les spécialistes. Gradient Sud-Nord observé : 15,5 % des Espagnols, 13,2% des Belges, 5,9 % des Allemands... Et en ce qui concerne plus précisément les antidépresseurs, 10 % des assurés sociaux en France en auraient réellement consommé.

- Identité **Argentine** : constatons que le plus grand taux de psychiatres / habitant se trouve à Buenos Aires (nombreuse explications concernant ce pays de population blanche issue des 2 courants Espagnols & Italiens - cf.

migration des métis vers le Brésil qui est le 1er pays à avoir aboli l'esclavage).

- **Prévention versus Répressions (approche culturelle)** : En France, il y a actuellement 61 000 détenus (soit **0,1% de la population en prison versus 1 % aux USA** : *"Don't break the rules…"*). Noter que les capacités sont évaluées à environ 55 000 places.

Au niveau pratique quotidienne "HEXAGONALE" : 6 messages

- Comprendre que la **Psychiatrie** correspond à **3 grands types de pathologies** (**1**) **Psychoses** - le **"Fou"** : **absence de contact avec la réalité avec des actes** souvent **"délirants" et non-conscience de son trouble** - **2**) **Névroses** (pas de délire et conscience de son trouble… mais ne peut faire autrement pour calmer son angoisse) - **3**) **Dépressions** : soit **réactionnelles (événement familial ou professionnel)** soit **endogènes** (cadre des **psychoses maniaco-dépressives uni ou bipolaires** où peuvent exister des éléments délirants - mais le trouble de l'humeur est en première ligne).

- Bien différencier pathologies **aiguës et chroniques** (> 6 mois).

- **Prévalence** : **25%** de la **population** est concernée.
    - . 1) 12 % **Anxiété** généralisée ;
    - . 2) 10 % (11 % exactement) de **dépressifs** dont 5,6 % chroniques
    - 3) **Phobies** sociales (agoraphobie, TIC, TOC.) : 4,3 %
    - 4) "Panic Attack" (angoisse aiguë) : 4,2 %
    - 5) **Psychoses** : 2,8 %

- **Incidence : la pathologie mentale** représente environ **1/8** patients (en pratique plus, car sous un prétexte somatique nous retrouvons souvent un diagnostic psychiatrique), qui se distribuent selon les chiffres suivant (pour 100 séances généralistes) : **4 dépressions - 3 angoisses - 3** troubles du **sommeil** - 1,5 trouble **névrotique**.

- Poids de la **génétique (Biologie) : - 50% des jumeaux** (1% des naissances soit 4000 paires/an en France - au crible de la science moderne : en 2008 plus de 500 articles scientifiques ont été publiés) de **schizophrènes** sont **schizophrènes**. Ainsi dans le cadre des pathologies mentales, le poids de l'Inné (Biologie) et de l'Acquis (respectivement la Clé et la Serrure de la porte) : si 2 frères ont la même voix cela peut être dû à la morphologie de leur larynx, autant qu'au bain auditif dans lequel ils baignent depuis l'enfance.

- Thérapeutique et **méthodes non médicamenteuses** : L'Inserm a publié en 2004, une analyse synthétisant les résultats sur plus d'un millier d'études concernant l'**efficacité des 3 grandes méthodes** sur **16** pathologies étudiées :

  . 1 Approche cognitive et **comportementale** (25 courtes séances pour travailler sur nos pensées et actions) - marche sur **15** des 16 pathos étudiées.

  . 2 Approche **familiale** et couple (dynamique de groupe pour se débarrasser des symptômes) - marche sur **5** des 16 pathos étudiées.

  . 3 Approche **psychanalytique** = renforcer son **moi** (grande perdante de l'étude) -marche sur **1** des 16 pathos étudiées.

GÉNÉRALITÉS

1) Causes organiques à éliminer devant un syndrome psychiatrique : "COSI"

Confusion

Organicité : hypoglycémie, pathologie neurologique...

Sevrage : cf. toxique légal (alcool) ou illégal (drogue)

Intoxication médicamenteuse : corticoïdes, béta-, anti BK.

 Remarque

- Avant de classer un état comme pathologie psychiatrique, il faut que ce bilan COSI soit négatif (recherche cause somatique : métabolique, toxique, neurologique...). Le tableau ci-dessous rend compte des pathologies organiques à éliminer :

Causes médicales	Neurologiques	Hémorragies méningées Traumatismes crâniens Hématomes cérébraux Méningites Crises d'épilepsie
	Cardio-pulmonaires	Choc Infarctus du myocarde Embolie pulmonaire Pneumothorax Insuffisance respiratoire aiguë
	Métaboliques	Hypoglycémie Troubles de l'hydratation
	Médicamenteuses	
	Toxiques	Intoxication alcoolique aiguë Cocaïne, LSD Syndrome de sevrage aux opiacés
Causes psychiatriques	Délires	Bouffée délirante aiguë Manie délirante Etat psychotique
	Troubles de la personnalité	Bouffée délirante aiguë Manie délirante Etat psychotique

2) Évolution habituelle d'un syndrome psychiatrique : "règle des 1/3 CSG"

1/3 Chronicité

1/3 Stabilisation +/- avec rechute

1/3 Guérison

Remarque

- Évolution mémo :

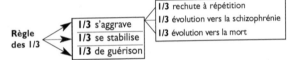

Règle des 1/3
- 1/3 s'aggrave
  - 1/3 rechute à répétition
  - 1/3 évolution vers la schizophrénie
  - 1/3 évolution vers la mort
- 1/3 se stabilise
- 1/3 de guérison

- Exemples : névroses obsessionnelles, BDA,...
- Rappel fiscalité : la CSG (contribution sociale généralisée) est un prélèvement assis sur l'ensemble des revenus et qui permet de financer notre système social (et notamment la santé).

- ITEM 42 -
TROUBLES DU COMPORTEMENT ALIMENTAIRE DE L'ENFANT ET DE L'ADULTE

1) Âge moyen des pathologies neuro-psychiatriques : "Mapping mémo"

De 5 à 10 ans	D é p r e s s i o n				Dyslexie			TOP*
De 10 à 14 ans		Anorexie et boulimie	Phobie sociale	TOC*				
De 20 à 30 ans		Dépression post-partum	Schizo-phrénie	Dépres sion	Troubles bipolaires	Attaque panique	Agora phobie	Dépression suicidaire
De 30 à 60 ans		Maladie de Parkinson		Huntin gton		Alzheimer précoce		
60 ans et plus							Alzhei mer	Dépression suicidaire

Remarque

- Bien comprendre que la vie mentale s'articule en secteurs, chacun pouvant être atteint en qualité et en quantité : intellectuel (tachypsychie, euphorie,...), affectif, moteur (hyperactivité du maniaque)...

- Si en l'an 2000, l'âge médian (= 50% au-dessus et 50% en dessous) de la population française est de 36 ans, engendrant parfois une conception silicosée plutôt "fonctionnaro - cocooning" de la vie, cet ouvrage (et ses frères : le petit "P1Mémo" & "Médi Mémo XL" : plus de 20 000 exemplaires déjà diffusés & 30 000 lecteurs) rappellent que le dynamisme et la créativité n'ont pas encore déserté les bancs des facs de Médecine (pour en savoir plus : www.medi-memo.com, et sur les ouvrages venant de sortir : www.medicilline.com)

2) Anorexie mentale : principaux éléments diagnostiques : "6 A"

Adolescente

Activité (hyper) : physique (sport..) et intellectuelle (langue piano)

Altération de l'image corporelle

Anorexie avec conduites alimentaires associées (vomissements, laxatifs, boulimie...)

Amaigrissement

Aménorrhée : indispensable au diagnostic (et excellent indicateur de guérison)

Remarque

- Sans oublier le déni de la maladie.

- Clinique classique : Il s'agit d'adolescente avec un aspect physique évocateur (grande maigreur), ne mangeant rien, atteinte d'aménorrhée, niant le trouble, avec des troubles de la perception du corps (se voit toujours trop grosse).

- Source de 4 causes d'hypokaliémie : dénutrition, diurétiques, laxatifs, vomissements.

- A N o re Xie : 10 % de garçons, 10 % tardif (n o rmalement 12-20 ans), 10 % de mortalité.

- Beaucoup de A et pas de E : En parlant de lettre, nous vous conseillons pour la gymnastique intellectuelle (afin de produire des mémos innovants) la lecture du roman de Georges Perec *La Disparition* (édition Denoël, 1969) : un roman de 312 pages ayant la particularité de ne contenir aucun "e", lettre pourtant la plus utilisée dans la langue française.

- ITEM 44 -
RISQUE SUICIDAIRE DE L'ENFANT ET DE L'ADULTE :
Identification et prise en charge

1) Éléments justifiant une hospitalisation dans le cadre d'un syndrome dépressif : "SuicIDE"

Intensité : douleur morale majeure

Déclaration du patient (intentionnalité) : d'autant plus qu'il y a auto-accusation (sentiment de culpabilité)

Environnement à risque "CIA" (mémo plus bas)

Suicide : antécédents personnels ou familiaux (TS, autolyse médicamenteuse,...)

 Remarque

- Environ 10 000 suicides /an (2 fois AVP et équivalent à la disparition annuelle d'une ville de moyenne importance) chiffre néanmoins sous-évalué (cf. sous déclaration : religion, moral,...). Pour retenir : "dites 33" soit 33 décès par jour soit 10 000 par an.
- Notez que le **taux le plus élevé de suicide** dans le monde industriel est en **Russie** et au **Japon avec respectivement 5 et 2,4 suicides par an pour 10 000 habitants** (en d'autres termes : 1 suicide pour 5 000 habitants par an) et qu'**en France ce chiffre se situe à 1,4.**

- Concernant la **saisonnalité des suicides**, 2 pics sont retrouvés : avant tout au **printemps** et également, avec une moindre mesure, à l'**automne**. Deux explications ont été données à ce caractère saisonnier du suicide : **bioclimatique et socio-économique.** Une prépondérance significative des suicides le **dimanche** a été observée dans les deux sexes (p < 0,001), correspondant à 31 % de tous les suicides enregistrés. Enfin, les suicides du dimanche rendent sans doute compte d'une baisse d'activité majorant les tensions internes des dépressifs.

- 1 TS sur 100 est fatale chez les jeunes versus 1 sur 3 dans la population âgée.

Star-Mémo :

Aristote (384 av. J.-C. - 322 av. J.-C.)

À ses débuts, Aristote le philosophe se plaît à disserter sur la faiblesse des suicidés et l'incohérence de leur geste. Il voit là un acte de désertion à condamner, tout comme le fera l'Église Catholique durant des siècles : *"Celui qui, dans un transport de colère, s'égorge de sa propre main, agit volontairement contre la droite raison, ce que n'autorise pas la loi..."*, Éthique de Nicomaque.

Longtemps à se demander pourquoi la majorité des "génies" étaient mélancoliques (souvent dans le cadre de psychose bipolaire, aux phases de manies extrêmement fécondes et productives sur le plan intellectuel), il en fera lui-même l'expérience... Dans un accès dépressif, il se suicide à 62 ans.

Fondateur de l'école péripatéticienne et précepteur d'Alexandre le Grand, sa logique et ses écrits feront référence jusqu'au XVIIe siècle.

Général Boulanger (1837-1891)

"Boulanger, à l'Elysée !" scande la foule ce jour de janvier 1889. Militaire, ancien ministre de la Guerre, Georges Ernest Boulanger est adulé et apparaît au yeux de l'opinion publique comme le seul à pouvoir rétablir l'ordre dans une France déchirée. Alors que le pouvoir est à portée de main, Boulanger recule, ne souhaitant pas parvenir à l'Élysée par la force. Craignant d'être incarcéré, il s'enfuit en Belgique avec Marguerite Bonnemain, sa maîtresse, le 1er avril 1889. Deux ans plus tard, Marguerite tombe gravement malade et décède un 16 juillet. Accablé de douleur, le Général se rend comme tous les matins sur la tombe de sa tendre. Il sort son arme et se donne la mort devant le tombeau de Marguerite. Sur l'un des testaments laissés, Boulanger demande que l'on grave sur la pierre tombale : *"Georges, 29 août 1837, 30 septembre 1891, comment ai-je bien pu vivre deux mois et demi sans toi ?"*

Source : Martin Monestier, *Histoire, techniques et bizarreries de la mort volontaire des origines à nos jours*, Paris, 1995.

Condorcet (1743-1794)

Jean Nicolas Caritat de son vrai nom, Condorcet a toute sa vie combattu pour la Révolution, chantre des Lumières et des libertés, quelles qu'elles soient. Mathématicien féru de probabilités, optimiste de nature et de formation (il fut un disciple de Rousseau), Condorcet voit la Révolution qu'il chérie tant, se retourner contre lui lorsqu'il décide de ne pas "faire perdre la tête" à Louis XVI. Pour cette prise de position, il est forcé de fuir dès juin 1793 mais sera arrêté par les agents de la Terreur peu de temps après. Emprisonné, il se donne la mort quelques mois après (6 avril 1794), à l'âge de 51 ans. On comprend mieux la signification de l'épitaphe sur la tombe de Robespierre (un des principaux organisateurs de la Terreur) : *"Étranger, en voyant ma tombe, félicites-toi, car si j'étais ici, tu ne serais peut-être plus là."* Concernant l'époque contemporaine, savoir faire la part des choses, entre suicide et tentative de suicide (souvent "appel à l'aide" à ne jamais banaliser) comme l'attestent ces ordres de grandeur : 1 décès pour 7 tentatives chez l'homme et 1 sur 30 chez la femme.

Source : C. Hintzler, *Condorcet, l'Instruction Publique et la naissance du Citoyen*, Gallimard, 1986.

Stefan Zweig (1881-1942)

Écrivain autrichien féru d'histoire, Zweig quitte Salzbourg en 1934 pour l'Angleterre afin d'effectuer des recherches sur Marie Stuart. D'origine juive, devant la montée du nazisme, il ne veut plus revenir dans son pays natal et préfère adopter la nationalité britannique en 1940.

Auteur génial de *Amok* (1922), *La confusion des sentiments* (1926) ou *Brûlant secret* (1938), Stefan Zweig peint merveilleusement les émotions humaines à travers toute son œuvre.

Après un bref séjour à New York, il s'installe au Brésil en août 1941. C'est là, à Petrópolis, que Stefan Zweig et sa seconde épouse, trop affectés par l'issue qu'emprunte alors la guerre, décident de se donner la mort. Geste de désillusion devant les victoires du nazisme, synonymes d'intolérance et de déchéance, ils s'empoisonnent le 22 février 1942. "Ma patrie spirituelle, l'Europe, s'anéantit elle-même." écrivait-il, peu de temps avant de quitter ce monde qu'il idolâtrait tant.

L'écrivain pensait juste, car cette seconde "guerre civile européenne", avec l'émergence de deux nouvelles superpuissances, voyait se conforter le déclin de la puissance européenne, après 500 ans de suprématie mondiale. Mais n'oublions pas que l'histoire est cyclique et que "le malheur peut être un pont vers le bonheur…".

Source : *Stefan Zweig, Brûlant secret*, Grasset (biographie introductive), 1990.

Bernard Buffet (1928-1999)

Le célèbre peintre est atteint de la maladie de Parkinson. Le tremblement allié à la rigidité musculaire invalide l'artiste qui ne supporte pas cette déchéance physique. "La Mort" est le thème de sa dernière exposition. De grandes toiles de 2 mètres de haut représentent des squelettes vêtus d'habits multicolores. Six mois après, il se suicide en s'étouffant à l'aide d'un sac en plastique…

Source : *Figaro Magazine*.

2) Principaux éléments environnementaux du risque suicidaire : "CIA"

Chômage,

Isolement (affectif) : solitude, "personne ne me parle",

Alcool (levée inhibition).

Remarque

- Équation aux dimensions : 12 000 décès/ an = 1000 décès par mois = 33/ jr (= 2,5 fois AVP)
- En plus de 2 classiques facteurs épidémiologiques incompressibles : Homme (cf. femme : 1 suicide pour 7 TS) et Âge : "plus on est vieux mieux on réussit son suicide". 3 chiffres-clés (2010) pour illustrer ce propos :
  - . 50% des suicides ont plus de 50 ans
  - . 2 fois plus de TS chez les Femmes
  - . 2 fois plus de suicides chez les Hommes
- Une mélancolie se traite à l'Hôpital par perfusion (1 ampoule en deux heures d'antidépresseur tricyclique dans 500 cc de G 5% le premier jour). Pas de tricyclique sans bilan **"OCP"** (Oeil : cf. glaucome - **C**œur : ECG - Prostate : cf. HBP).
- "Se suicider est le propre de l'Homme". Dans l'état actuel des connaissances, il semble que les animaux ne semblent pas posséder la capacité à envisager leur mort (Les échouages de baleines ou de dauphins seraient des accidents provoqués par une atteinte de leur sens de l'orientation. Également, certains animaux de compagnie ne s'alimentent parfois plus suite à un stress psychologique, mais non dans une perspective de suicide volontaire).
- Concernant les tentatives de suicides médicamenteuses (80 % psychotrope), noter que la mortalité s'élève à environ 1,5 % des intoxications.
- Attention aux mariages intra-corporation (cf. médecines ou avocats), pouvant être à l'origine de TS à terme : 70 % de divorces.

DEUIL NORMAL ET PATHOLOGIQUE

1) Psychologie médicale, réaction à la mort (disparition) : les 5 phases psychologiques de Kübler-Ross : *"DC aime CD"*

Déni : refus

Colère & Lutte

Marchandage

Culpabilité (dépression, tristesse,…)

Deuil (acceptation : lucidité face à la mort).

 Remarque

- Évolution normale également observée dans toutes attitudes face aux changements
- Alternative plus simple : les 4 étapes d'un deuil / changement : "D/R NA". Déni (refus) - Résistance (révolte = colère = lutte) - Négociation - Acceptation
- Dure environ 6 mois en moyenne.

2) Réflexes

"Le névrosé résout ses problèmes en se faisant souffrir".

"Le pervers résout ses problèmes en faisant souffrir les autres".

"Le névrosé : Ah si j'habitais un château en Espagne" ;
"Le psychotique : Ah, j'habite un château en Espagne" ;
"Le psychopathe : Il squatte le château" (et le psychiatre touche le loyer du château...).

"Il faut casser le délire avant qu'il ne casse le malade".

- ITEM 177 -
PRESCRIPTION ET SURVEILLANCE DES PSYCHOTROPES

Tiroir thérapeutique et prise en charge psychiatrique : "100% PSICHO"

100% : prise en charge à 100%, exonération ticket modérateur

Psychothérapie : soutien, comportementale, inspiration analytique

Social : aide économique et sociale (réinsertion professionnelle, allocation adulte handicapé, mesures concernant l'emploi et le logement ; si besoin : sauvegarde-tutelle-curatelle)

Information : claire, loyale, adaptée ; inscription à une association de patients

Chimiothérapie : 4 grandes classes associées à 4 indications : Anxiolytiques (névroses) - Neuroleptiques (psychoses) - Antidépresseur (dépression) - Thymorégulateurs (troubles bipolaires).

Hospitalisation (obligatoire si risque suicidaire) ou Internement (soins psychiatriques à la demande d'un tiers ou d'un représentant de l'État si dangerosité (auto ou hétéro).

Organicité : éliminer une iatrogénie potentielle via examen et bilan (iono, glycémie, ECG, EEG, TDM cérébral).

Sociothérapie* : tout ce qui est en regard avec la subsistance économique (réinsertion professionnelle ou allocation adulte handicapé et mesures concernant emploi et logement ; conservatoire si non-discernement sauvegarde-tutelle-curatelle)

Remarque

- Ce 'tiroir' est pratiquement utilisable pour toutes les réponses thérapeutiques à un dossier de psychiatrie.

- Hospitalisation sous contrainte : la loi du 5 juillet 2011 modifie ce qu'on appelait anciennement l'HO (hospitalisation d'office, devenue soins psychiatriques sur décision du représentant de l'Etat) et l'HDT (hospitalisation à la demande d'un tiers, devenue soins psychiatriques à la demande d'un tiers ou en cas de péril imminent). La nouvelle loi à connaître est expliquée dans le livre *100% ECN - Santé Publique* paru en 2012 aux éditions Médicilline.

- En psychiatrie, les choses doivent rester simples et schématiques. Par souci de clarté, au niveau thérapeutique 3 grandes classes de médicaments correspondent aux 3 grands axes pathologiques :
  . Anxiolytique = surtout benzodiazépine (= névrose essentiellement) ;
  . Neuroleptique = "camisole chimique" (= psychose essentiellement) ;
  . Antidépresseurs (= syndromes dépressifs).

- Encore une fois, il ne s'agit pas d'égalité au sens strict du terme, mais de schéma de compréhension.

- Quelques réflexes sous-corticaux :
  . Alcool = prévention du delirium tremens (DT)
  . Lithium = hcg = contraception
  . Neuroleptique + fièvre = syndrome malin, jusqu'à preuve du contraire.

- Psychotropes = 4 révolutions technologiques (4 dates-clés / 4 familles de psychotropes) & prise en charge psychiatrique.

ANNÉE	RUPTURE TECHNOLOGIQUE	COMMENTAIRE
1952	1er neuroleptique (Largactil)	"Camisole chimique"
1960	1er antidépresseur	Remplace les sismothérapies de l'époque
1970	1er anxiolytique ("tranquillisant")	Néanmoins, éviter une consommation trop régulière
1978	1er thymo-régulateur (lithium)	Permet une vie "quasi normale" pour 2/3 des psychoses maniaco-dépressives

I. ANXIOLYTIQUES (une famille majeure : benzodiazépine)

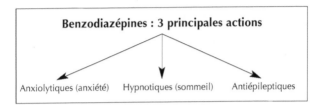

Benzodiazépines : 3 principales actions

Anxiolytiques (anxiété)   Hypnotiques (sommeil)   Antiépileptiques

1) Les 4 propriétés pharmacologiques des benzodiazépines : "ASMA"

Anxiolytique : cf. dans les névroses et particulièrement dans les "panic attack"

Sédatif = inducteur de sommeil = hypnotique

Myorelaxant : pouvant induire sur certains terrains une légère dépression respiratoire

Anti-convulsifiant. : cf. nourrisson Valium® intra-rectal et adulte si état de mal Rivotril® 1 à 2 ampoules IV

Remarque

- "PRESCRIPTION MEMO" : Alprazolam (Xanax°) : 1 a 4 comprimés par jour (maximum 4 semaines). Le Xanax (équivalent au Lexomil°) a une durée d'action rapide et est particulièrement indiqué dans les attaques de panique.

II. ANTIDÉPRESSEURS (2 familles à connaître : IRS et tricyclique)

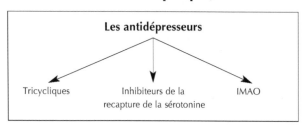

Les antidépresseurs

Tricycliques — Inhibiteurs de la recapture de la sérotonine — IMAO

1) Principaux effets secondaires des antidépresseurs non tricycliques : "CSCT"

Constipation : à traiter par règles hygiéno-diététiques (+/- traitable par Surfarlem®)

Sécheresse buccale : hyposialorrhée (et trouble de l'haleine)

Concentration : troubles de la concentration

TA : Hypotension orthostatique : à traiter parfois avec Héptamyl®.

Remarque

- Généralement peu de contre-indication ni bilan.
- Traitement per os et ambulatoire.
- Grosso modo, ils ont un effet "asséchant" expliquant les effets ci-dessus.
- Pas de traitement préventif.
- Si effet trop important : avis psychiatre pour envisager une autre famille.
- Jamais d'association de 2 antidépresseurs.

- Prescription mémo (ISRS) : Sertraline, ZOLOFT° 50 1 à 2 gél/J. - délai d'action : 3 semaines - augmentation des doses : à 6 semaines si nécessaire - changement de traitement : à 12 semaines (3 mois) si non efficace (en plus d'un avis psychiatrique).

2) Tricyclique dans la mélancolie : 5 contre-indications absolues : "C. GABI"

Cardiaque : coronaropathie, trouble du rythme ou de la conduction (ECG impératif)

Glaucome à angle fermé

Adénome de prostate

Basedow (hyperthyroïdie ; dosage si)

IMAO : en association ou prise à moins de 15 jours

Remarque

- Ajouter les cas ou il s'agit d'adapter le traitement : insuffisance organique (foie-rein), épilepsie (adaptation du traitement anti comitial), femme enceinte (premier trimestre) et allaitement.
- Pas d'antidépresseurs tricycliques sans bilan "OCP" : Oeil - Cœur (ECG ++) - Prostate (Hbp)).
- Une mélancolie se traite à l'Hôpital par perfusion (1 ampoule en deux heures d'antidépresseur tricyclique type Tofranyl - dans 500 cc de G 5% le premier jour).
- Indications des antidépresseurs tricycliques (en plus de la mélancolie & des dépressions résistantes) : Psychoses chroniques (paranoïa, schizophrénie, attaque de panique) - Obsessionnelle (névrose) - Migraine et névralgies faciales - Alcoolisme (après sevrage +++) - Énurésie - Sommeil (terreurs nocturnes).
- Dans les classiques "intoxications à X" (benzodiazépine, paracétamol, antidépresseur tricyclique ou IRS, Nivaquine®, bêtabloquant, insuline, etc.), la notion d'intervalle libre (liée à la demi-vie de la molécule : longue pour les tricyclique ou la nivaquine) justifie une surveillance scopique (cf. cardiotropisme) pendant quelques jours. Le lavage gastrique n'est pas systématique, et répond à des conditions précises (absorption très récente, état de conscience, etc.) : bien peser comme toujours en pratique le rapport bénéfice/risque.

III. NEUROLEPTIQUES : ANTI-PSYCHOTIQUES

2 mécanisme d'action :
- Antagonisme des récepteurs dopaminergiques (propriété responsable de l'action principale).
- Antagonismes des récepteurs alpha1-adrénergiques, muscariniques et H1 (propriétés responsables des effets indésirables).

3 types de molécules :
- Neuroleptiques sédatifs : utilisés chez des patients présentant psychose et agitation (Lévomépromazine, cymémazine).
- Neuroleptiques désinhibiteurs : utilisés chez des patients présentant psychose et passivité (Sultopride, Fluphénazine).
- Neuroleptiques polyvalents : utilisés pour les signes déficitaires et positifs (Chlorpromazine = Largactil®, Halopéridol = Haldol®, Flupentixol).

1) Contre-indications relatives des Neuroleptiques : "règle des 4 P"

Prostate (hypertrophie bénigne)

Porphyrie

Parkinson

Pression intraoculaire (prédisposition au glaucome)

Remarque

- 3 types d'action des neuroleptiques : sédatif (cf. agitation aiguë Mémo à parcourir rapidement (non homogène).

- 3 types d'action des neuroleptiques : sédatif (cf. agitation aiguë Loxapac® IM, anti-délirant (cf. BDA Haldol® ou neuroleptique de nouvelle génération) et anti-déficitaire.

- INDICATION : pathologies délirantes aiguës (ex : traitement en urgence d'une agitation - ex : Loxapac® ou d'un délire aigu - ex BDA- par neuroleptique en IM) et chroniques (dissociées = schizophrénie et non dissociées)

- 3 points-clés :
  . bilan pré-thérapeutique : NFS (agranulocytose), bilan hépatique, ECG (générateur de torsade de pointe : faire ECG avant tout traitement antipsychotique) ;
  . pas de CI absolue mais de nombreux effets indésirables dont 3 essentiels à connaître : 1) Syndrome parkinsonien iatrogène ; 2) Dyskinésie (ne jamais mettre de correcteur neuroleptique (Tropatépine, Lepticur) en prévention du risque ; uniquement quand l'effet indésirable (syndrome extrapyramidal) est constaté.) 3) syndrome malin des neuroleptiques (devant une hyperthermie, savoir évoquer un syndrome malin des NRL (rarissime : si doute, arrêt des neuroleptiques, dosage des CPK, et si besoin dantrolène Dantirum®) ;
  . moins d'effets indésirables avec les neuroleptiques atypiques RISPERIDONE Risperdal®, LOXAPINE Loxapac®, OLANZAPINE Zyprexa®.

- Concernant les effets secondaires des NRL : les effets anticholinergiques (sécheresse buccale, rétention urinaire,....), sont évalués à environ 25 % des cas (entre 5 et 40 %), également : trouble neuropsychiatrique (dyskynésie, crises oculogyres...), neurovégétatif : hypoTA, orthostatique et endocrino-métabolique (poids, gynécomastie, troubles sexuels), l'hyperthermie maligne (rarissime).

2) Prescription mémo

Antipsychotique (faire **ECG** avant tout traitement antipsychotique)

- Olanzapine, Zyprexa® > 10 mg/J

- Rispéridone, Risperdal® > 4 à 6 mg/J

Schizophrénie résistante

- Clozapine, Leponex® > NFS/plaquettes chaque semaine : risque d'agranulocytose

- Tropatépine, Lepticur® > si syndrome extrapyramidal : correcteur neuroleptique

Ne **jamais** mettre de correcteur en prévention du risque ; uniquement quand l'effet indésirable est constaté.

IV. NORMOTHYMIQUES (prévention psychose maniaco-dépressive = bi-polaire) : lithothérapie avant tout

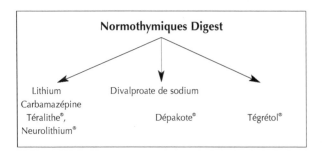

Normothymiques Digest

Lithium
Carbamazépine
Téralithe®,
Neurolithium®

Divalproate de sodium

Dépakote®

Tégrétol®

1) Contre-indication du traitement par Lithium : "NARCOTIC"

Na+ et K+: hypoNa, régime sans sel, diurétique, DysK+

Allaitement et grossesse (tératogène)

Rein et Foie : insuffisances rénale ou hépatique sévères

Cœur : insuffisance cardiaque sévère

Observance mauvaise (risque intoxication)

Thyroïde : compétition entre ions Lithium et Iode

IEC, AINS, Corticoïdes

Cerveau : tumeur, AVC, épilepsie

Remarque

- Triomphe de la lithothérapie (thymorégulateur = humeur) préventive à vie (le plus souvent) qui a bouleversé depuis 1953, le pronostic de cette pathologie dans sa forme uni ou bipolaire. Il peut également être utilisé en curatif des accès maniaques (en plus des neuroleptiques IM).

- Lithiémie toxique :

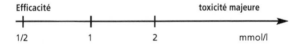

Efficacité			toxicité majeure
1/2	1	2	mmol/l

- Noter que le sel est un antimaniaque naturel ! Comme il vaut mieux être légèrement hypomaniaque, (tous les grands créateurs le sont dans des normes acceptables), dès demain régime sans sel pour l'action (énergie positive permettant de se différencier des autres). Inversement le régime sans sel est CI chez le bipolaire.

- Les troubles du sommeil sont un excellent marqueur de l'évolution de la maladie sous traitement.

- Les 3 principaux effets secondaires potentiellement observables par ordre de fréquence : "PRT" : 1) Poids : gain fréquent ; 2) Insuffisance rénale (20 % des patients après 20 ans de traitement) ; 3) Thyroïde : dysthyroïdie (cf Li ++ et I ++). Ci-dessous une liste exhaustive : tremblements fins (si amples évoquent une intoxication) - Épigastralgies et nausées, ± vomissements - Ralentissement psychomoteur : asthénie, trouble de la mémoire - Soif, syndrome polyuro-polydipsique - Poids prise - Thyroïde : risque hypothyroïdie, goître euthyroïdien - Sexe : diminution de la libido - Hyperleucocytose.
- Ces CI justifient un bilan pré-thérapeutique.

2) Lithothérapie : bilan pré-thérapeutique : "ICTÈRE"

Ionogramme sanguin et NFS

Cardiaque : ECG

Thyroïdien : bilan clinique et biologique (T4 - TSH)

Enceinte : ß-HCG si doute et *"qui dit lithium dit contra - ception"*

Rénal : créatinémie, protéinurie

EEG : de référence si doute (rarement en pratique)

 Remarque

- Objectif : 0,5 mg/l < lithiémie stable efficace < 1 mg/l.
- Une information complète au patient est justifiée :
  . effet secondaire potentiel : prise de poids inconstante (5 à 10 kg) ;
  . signes de surdosage en lithium (cf. : "L 1" mg/l soit LI > 1 mg) - retenir la triade : neuro (tremblements amples, asthénie, somnolence puis confusion puis coma vigile,), digestifs (nausées, vomissements, diarrhées), cardio (Élargissement du QRS à

95

l'ECG). À noter : oligoanurie, somnolence et ataxie apparaissent pour des lithiémies supérieures à 1,3 mg/L.

- Si suspicion de surdosage, traitement par : "DEA" : Diurèse osmotique alcaline ; Épuration extra-rénale ; Arrêt immédiat du lithium (déterminer la lithiémie en urgence (> 1,3 mg/L).
  . nombreuses interactions médicamenteuses : diurétiques, AINS,
  . pas de régime sans sel.
- Surveillance (lithiémie, NFS, créatinémie) : le dosage de la lithiémie (objectif : 0,5 mg - 1 mg/l) doit être fait :
  . 1/semaine le 1er mois,
  . 1/mois le 1er trimestre,
  . 1/trimestre ensuite (à vie).
- Si CI ou effets secondaires : Tegrétol® (carbamazapine) ou Dépamide® (Valpronide).

- ITEM 184 -
AGITATION ET DÉLIRES AIGUS

1) Sémiologie des délires : "TOMATE"

Thèmes	- persécution - passionnel (« JERK » : jalousie, érotomanie, revendication, métaphysique) - idéologique (religieux, politique, métaphysique,...) - mégalomanie - hypochondriaque - dépressif (indignité/domination/impuissance/négation)
Organisation (Structure)	**Systématisé** (ex. **paranoïaque** ++ : tout acquiert une signification personnelle pour le malade → soit en **secteur** (autour d'**un seul thème** : **jalousie** (« ma femme me trompe, d'ailleurs sa voiture a accéléré quand elle m'a croisé... »), **revendication** (cf. inventeur méconnu, filiation...), **érotomanie** (« Mon directeur est amoureux de moi, j'attends qu'il se déclare ») → soit en **réseau** (envahit tout le champ psychique) : mécanisme = **interprétation** et tout les faits acquièrent une signification généralement prémonitoire. **Non systématisé** (cf. **BDA** ++)
Mécanismes : « HAIII »	1. Hallucinations (psychosensoriel/psychique) : hallucinations auditives (noyau fondamental de la Psychose Hallucinatoire chronique) 2. Automatisme mental : (« Ma pensée – mes actes – sont commandées ») 3. Interprétation délirante (univoque, rigide) : chaque acte ou signe a une interprétation (cf. paranoïa) 4. Imagination délirante (paraphrénie/mythomanie) 5. Intuition délirante (conviction absolue, révélation)
Adhésion	- Adhésion totale - Patient critique son délire
Type-Durée (aigu/ chronique > 6mois)	1. Délire aigu : onéroïde/onirique →onéroïde : hallucinations auditives (automatisme mental) → onirique : hallucinations visuelles (confusion, delirium tremens) 2. délire chronique : Paranoïde/paranoïaque
Emotion	Participation émotionnelle au délire

Remarque

Avec ce mémo, vous avez la moitié de la grille en énumérant les 6 éléments caractérisant un délire.

2) Alternative mémo, description d'un délire : "MST & AIDS"

En 2 temps, également très efficace car sépare le délire de l'individu.

Description du délire : "MST" :

Mécanisme

Structure : systématisé ou non

Thème

Relation du sujet au délire : "AIDS"

Adhésion (totale ou non) : paranoïaque (++) et schizophrène (--)

Instabilité thymique : cf. BDA +

Durée : > 6 M = Psychoses chroniques (schizophrénie, paranoïa)

Somatisation (insomnie constante dans la BDA, angoisse intense)

 Remarque

Application : le délire dans la BDA est : mécanisme polymorphe, non systématisé, multi-thèmes (mystique, mégalomanie,...) avec totale adhésion au délire, Instabilité de l'humeur, de durée aiguë généralement 5 jours), avec composante somatique importante (insomnie, anorexie, déshydratation...).

3) Éléments de bon pronostic d'une bouffée délirante aiguë (BDA) : "BDA DT"

Brutal (début)

Déclenchant (facteur) : facteur retrouvé (ex. insomnie, voyage, surcharge de travail,...)

Antécédents : personnalité pré-morbide ou antécédents familiaux évoquent un mode d'entrée dans une psychose chronique....

Délire richesse (c'est richesse le mot clé !)

Thymiques (= humeur) : humeur non troublée lors de la crise (ou "passage du rire aux larmes" moins bon pronostic).

 Remarque

- En pratique, diagnostic facile : une jeune femme (60 %) présentant un délire de mécanisme polymorphe (hallucinations, imagination, interprétation...), intense et progressif, avec insomnie constante (également : anorexie ; constipation).

- Tableau récapitulatif des caractères du délire dans la BDA :

- **Ancienneté** : Récent (quelques heures ou jours)

- **Thèmes** : Polymorphe avec plusieurs thèmes :
  - Persécution
  - Filiation (descendant d'un personnage historique)
  - Mystiques...

- **Mécanismes** : Hallucinations visuelles, auditives
  (perceptions fausses en l'absence d'objet)
  Intuition
  Illusion
  Interprétation (jugement faux à partir d'une perception exacte)

- **Organisation** : Non systématisé (délire incohérent, flou)

- **Adhésion** : Totale (peu de critique vis-à-vis du délire)

- **Signes d'accompagnements** : Psychiques (anxiété, euphorie...)
  Somatiques (tachycardie, insomnie...).

- Toujours éliminer une organicité (alcool et DT, toxicomanie, médicament, voire épilepsie temporale) : bilan bio (glycémie, alcoolémie, iono) et ECG.

- Urgence thérapeutique (patient potentiellement dangereux pour lui-même et pour les autres) : 1) Hospitalisation d'urgence ; 2) Hospitalisation sous contrainte fréquente ; 3) Neuroleptique injectable.

- "Coup de tonnerre dans un ciel serein, sans conséquence voire sans lendemain" : pronostic de cette crise délirante (durée généralement 5 jours +/- 2)

- Obéit également à la règle des 1/3 (évoquer toujours un mode d'entrée dans la schizophrénie en recherchant une dissociation et par suite impossible de trancher avant 6 mois d'évolution).

- Près de 700 000 personnes souffrent de schizophrénie (1% de la population Francaise), maladie mentale qui fait peur parce que mal connue. Dans 30 % des cas, elle débute par une bouffée délirante aiguë pour ensuite s'installer dans la durée, entrecoupée de crises et de rémissions, mais bien souvent les malades ne voient jamais le bout du tunnel.

CONDUITE SUICIDAIRE CHEZ L'ADOLESCENT ET L'ADULTE

1) Suicides, les 4 éléments justifiant une hospitalisation dans le cadre d'un syndrome dépressif : "(suic)IDES"

Intensité : douleur morale majeure

Déclaration du patient (= intentionnalité) : d'autant plus qu'il y a auto-accusation (sentiment de culpabilité)

Environnement à risque = "CIA" (mémo plus bas)

Suicide : antécédents personnels ou familiaux (suicide, PMD,...)

 Remarque

- Environ 10 000 suicides /an (2 fois AVP & équivalent à la disparition annuelle d'une ville de moyenne importance) chiffre néanmoins sous-évalué (cf. sous-déclaration : religion, moral,...). Pour retenir : "dites 33" soit 33 décès par jour soit 10 000 par an.

- Notez que le taux le plus élevé de suicide dans le monde industriel est en Russie et au Japon avec respectivement 5 et 2,4 suicides par an pour 10 000 habitants (en d'autres termes : 1 suicide pour 5 000 habitants par an) et qu'en France ce chiffre se situe à 1,4.

- Concernant la saisonnalité des suicides, 2 pics sont retrouvés : avant tout au printemps et également, avec une moindre mesure, à l'automne. Deux explications ont été données à ce caractère saisonnier du suicide : bioclimatique et socio-économique. Une prépondérance significative des suicides le dimanche a été observée dans les deux sexes (p <0,001), correspondant à 31% de tous les suicides enregistrés. Enfin, les suicides du dimanche rendent sans doute compte d'une baisse d'activité majorant les tensions internes des dépressifs.

- 1 TS sur 100 est fatale chez les jeunes versus 1 sur 3 dans la population âgée.

2) Devant une dépression, évaluer les 3 principaux éléments environnementaux du risque de suicide (l'urgence psychiatrique) : "CIA"

Chômage,

Isolement (affectif) : solitude, "personne ne me parle",

Alcool (levée inhibition).

Remarque

- Équation aux dimensions : 12 000 décès/ an = 1 000 décès par mois = 33/ j (= 2,5 fois AVP)
- En plus de 2 classiques facteurs épidémiologiques incompressibles : Homme (cf. femme : 1 suicide pour 7 TS) & âge : "plus on est vieux mieux on réussit son suicide". 3 chiffres-clés (2010) et un tableau pour illustrer ce propos :

CATÉGORIE D'ÂGE	SUICIDES/100 000
15-25 ans	15
25-35 ans	30
75-85 ans	90
> 85 ans	134

. 50% des suicidés ont plus de 50 ans,

. 2 fois plus de TS chez les femmes,

. 2 fois plus de suicides chez les H.

- Une **mélancolie** se traite à **l'Hôpital** par **perfusion** (1 ampoule en deux heures d'antidépresseur tricyclique dans 500 cc de G 5% le premier jour). Pas de tricyclique sans bilan "OCP" (Œil : cf. glaucome - Cœur : ECG - Prostate : cf. HBP).

- *"Se suicider est le propre de l'Homme"* : Dans l'état actuel des connaissances, il semble que les animaux ne semblent pas posséder la capacité à envisager leur mort (Les échouages de baleines ou de dauphins seraient des accidents provoqués par une atteinte de leur sens de l'orientation. Également, certains animaux de compagnie ne s'alimentent parfois plus suite à un stress psychologique, mais non dans une perspective de suicide volontaire).

- Concernant les **tentatives de suicides** médicamenteuses (80 % psychotrope), noter que la **mortalité** s'élève à environ **1,5 % des intoxications**.

- Attention aux mariages intra-corporation (cf. médecines ou avocats), pouvant être à l'origine de TS à terme : 70% de divorces.

ÉTAT CONFUSIONNEL ET TROUBLE DE CONSCIENCE

1) Les 7 différents éléments du syndrome confusionnel : "GDS PA O2"

Généraux (signes : fièvres + confusion = PL)

Désorientation temporo-spatiale

Sommeil : trouble (souvent inversion du cycle veille-sommeil)

Perplexité anxieuse

Amnésie

Onirisme : hallucinations surtout visuelles

Obnubilation

 Remarque

- On ne traite pas un syndrome confusionnel, on traite sa cause (urgence médicale).

- Causes de syndrome confusionnel **"VICTIME"** : Vasculaire : HSD, AVC temporal droit, hémorragie méningées, hématome cérébral. Iatrogène : diurétiques, NLP, sédatifs, antiparkinsoniens, anticholinergiques, anti-HTA centraux. Convulsion (post-). Toxique : ivresse, OT, Gayet-Wernicke, CO, choc. Infectieux : méningite, encéphalopathie herpétique. Métabolique : hypo-G, hyper-G, hyponatrémie, hypernatrémie, hypercalcémie, porphyrie. Endocrinologique : dysthyroïdies.

- Alternative plus colorée concernant les principales étiologies des syndromes confusionnels : "un (Infection méningée) Hippopotame (hypoglycémie) Délire (délirium tremens) en s'épilant (épilepsie) des (dénutrition) hémorroïdes (hémorragie méningée) traumatiques (trauma crânien) infectées".

- ITEM 266 -
NÉVROSES

1) Les 4 grandes névroses : "OPHrA"

Obsessionnelle (cf. les TIC & TOC) : névrose la plus organisée touchant l'adulte jeune (H=F). La réalisation de la compulsion (rituel : les "laveurs" et les "vérificateurs") permet de lever son angoisse

Phobique (crise d'angoisse déclenchée par un objet ou une situation sans caractère dangereux) : claustrophobie, agoraphobie,...

Hystérique conversion : avant tout la femme jeune avec crise d'une durée d'environ 1-2 h.

Angoisse ("panic attack") : peur sans objet réel sur fond anxieux) : la plus fréquente (5 % de la population et 2/3 femmes plutôt jeunes) avec des crises aiguës surtout cardio-respiratoires (tachycardie-dyspnée / cf. tétanie - "boule dans la gorge" - pâleur - sueurs).

Remarque

- Le syndrome névrotique vise à neutraliser l'angoisse née d'un conflit psychique. Les patients sont conscients de la pathologie et viennent consulter eux-même.
- Qui est névrosé ? Celui qui présente constamment des troubles à caractère constant et stéréotypé avec souffrance (conscience de son problème). Il n'arrive pas à s'adapter (par exemple peur de parler en public = normal...une personne normale finalement y arrive...le névrosé non).

- Une symptomatologie commune à toutes les névroses : anxiété (= peur sans objet apparent) pathologique - culpabilité - psychasthénie - troubles sexuels, troubles du sommeil (difficulté endormissement). Chaque névrose a ensuite ses particularités, son pronostic et son traitement.

- Névrose d'Angoisse : diagnostic clinique facile, mais doit rester un diagnostic d'élimination (l'ECG rassure le patient... et le médecin : surtout éliminer IDM, EP, hypoglycémie...). Généralement pas d'hospitalisation mais benzodiazépine IM et réassurance. Noter 30 millions de prescriptions d'anxiolytique - 8/10 par généraliste - chaque année en France. Bon pronostic (traitement crise aiguë et psychothérapie sur le long terme).

- Névrose phobique (l'inconnu effraie, le familier rassure). Il devient pathologique lorsqu'il entrave la vie sociale du patient (agoraphobie, claustrophobie voir éreutophobie (peur de rougir en public) touchant à différents degrés 10 +/= 3 % de la population. Conduite d'évitement (cf. train/ avion) et/ou de réassurance (accompagnement par une personne ou un animal). Bonnes réponses aux thérapies de déconditionnement ("flooding").

- Névrose hystérique : le simulateur veut tromper et l'hystérique se trompe lui-même (il souffre et ne simule pas). Au niveau clinique, diagnostic généralement facile : femme jeune, antécédents, personnalité (cf. plus loin), facteur déclenchant, anorganicité (cf. non systématisation anatomique), théâtralisme (a besoin d'un public et attire l'attention++). 2 types de conversion :
  . 1) Somatique ("crise d'hystérie" dont la classique mais rare conversion hystérique de Charcot qui touche avant tout les organes de relation (membre supérieur, voix,...)
  . 2) Psychique (trouble mnésique, "belle indifférence", coma....). Pronostic à terme incertain sauf si accessible à psychanalyse (+/- benzodiazépine). Les 8 traits de personnalité "EH LA MISS" : Egocentrisme - Histrionisme - Labilité émotionnelle - Affect factice - Mythomanie - Immaturité - Séduction (problèmes sexuels) - Suggestibilité.

- Névrose obsessionnelle : la réalisation d'une compulsion (reconnue comme absurde par le patient - cf. les différents types mémo 3) est le mécanisme qui permet la levée de l'angoisse. Grand retentissement affectivo-professionnel, car obligation d'organiser sa vie socioprofessionnelle autour de son TOC. Le diagnostic est facile, le problème est thérapeutique (psychothérapie ++, chimiothérapie type antidépresseur...).

- 4 grands risques communs à toutes les névroses "DADI" : Dépression (++) - Alcoolisme (anxiolytique légal refuge) - Drogue (toxicomanie) - Isolement social.

- Les 7 troubles de l'anxiété englobant les 4 principales nevroses (cf. "OPHrA") : "PAPA ToCS" : P : trouble Panique. A : trouble anxieux généralisé. P : trouble Phobique. A : trouble de l'adaptation. T0que : TOC (toubles obsessionnel compulsif). C : Conversion hystérique. S : état de Stress aigu (& de stress post-traumatique)

Star-Mémo :
Charles Darwin (1809-1882)

Son grand-père, Erasmus Darwin, est un riche botaniste et poète célèbre, et son père est médecin. Charles étudie la méde-cine à Edimbourg de 1825 à 1828 (il y découvre les travaux de Lamarck) mais échoue dans ses études. Son père l'envoie à Cambridge au Christ'College pour devenir clergyman ; il y étudie la géologie, l'entomologie et la botanique de 1828 à 1831. Etudiant plutôt médiocre il sort cependant diplômé. En 1831, recommandé par son professeur de botanique et soutenu par son oncle contre son père, il part sur le navire "le Beagle" en expédition en Amérique latine et dans les Îles du Pacifique. Il rap-porte de ce voyage de cinq ans (1831-1836), les observations qui seront la base de son œuvre scientifique.

Des attaques de panique rythmaient la vie de Darwin : *"I have awakened in the night being slightly unwell and felt so much afraid though my reason was laughing and told me there was nothing and tried to seize hold of objects to be frightened of."* Il aurait également souffert d'agoraphobie (peur de la foule), névrose fréquemment associée aux attaques de paniques : il avait une peur excessive de sortir seul, et nécessitait l'accompagnement de sa femme. La maladie de Darwin a ainsi eu un impact considé-rable sur sa vie et son œuvre : de grand voyageur, il est devenu ermite, ceci lui laissant le temps de travailler ! : *"Even ill-health, though it has annihilated several years of my life, has saved me from distraction of society and its amusements"*. Sans cette mala-die, le séisme intellectuel (violemment attaqué par les religieux pour son non-respect des dogmes bibliques) *On the origin of spe - cies* aurait-il vu le jour ? Darwin décède le 19 avril 1882, et l'Angleterre Victorienne lui fait des funérailles officielles (son corps repose à l'abbaye de Westminster).

Source : *JAMA*, 8 janvier 1997, vol 277, n°2.

2) Névroses, les 5 moyens de défense selon Freud : "RAPID"

Refoulement

Annulation (surtout si névrose obsessionnelle)

Projection

Isolation (surtout obsessionnelle)

Déplacement : sur objet (surtout phobie) ou sur le corps (surtout hystérie).

Remarque

Tout individu a des idées inconscientes à chasser par différents moyens de défense.

3) Symptômes spécifiques aux névroses obsessionnelles : "ROI de PIC"

Rituel : comportement avec formalisme

Obsession : idée faisant irruption dans le champ de conscience de façon incoercible. Ces idées (sacrilège ou obscène) sont en désaccord avec la pensée consciente

Impulsives (obsession) : crainte d'exécuter un acte répréhensible (meurtre : mettre le bébé par la fenêtre, grossièreté...) jamais de passage à l'acte

Phobique (obsession) : crainte d'utiliser un objet pour réaliser un acte répréhensible (crainte d'utiliser un couteau pour tuer quelqu'un : passage à l'acte très rare)

Idéative (obsession) : idée qui assiège l'esprit (*"je ne peux pas m'empêcher de penser que..."*)

Compulsion : acte que le sujet se sent contraint d'accomplir de façon répétitive malgré le caractère absurde qu'il reconnaît.

Remarque

- Mémo de peu d'intérêt hormis de comprendre les définitions.
- Grande prévalence des TOC puisque environ 3 % de la population serait concernée.
- Retentissement social (divorces...) important de cette pathologie... TOC, pas de panique... le mémo est là !

- ITEM 278 -
PSYCHOSE
ET DÉLIRE CHRONIQUE

La psychose est au psychiatre ce que l'IDM est au cardiologue (ou l'HBP à l'urologue). Bouleversement fondamental des rapports d'un individu avec lui-même et avec le monde extérieur (perte du contact avec la réalité).

3 messages :

- 3 entités cliniques indépendantes à maîtriser (la psychose hallucinatoire chronique, la perversion narcissique manipulatrice : non au programme) : 1) Schizophrénie (dissociation = "bizarrerie" ++, et souvent délire) ; 2) Paranoïa (personnalité spécifique, délire de persécution systématisé) ; 3) Psychose maniaco-dépressive (PMD = les "Bipolaires" = item 285) fait partie des psychoses : non-conscience du trouble (pas de facteur déclenchant retrouvé, pas de demande de traitement) et perte du contact avec la réalité au moment des crises (cf. accès maniaques).

- Le plus souvent délire d'accompagnement, mais un psychotique ne délire pas toujours (cf. certaines formes de schizophrénie, les PMD (bipolaire) en dehors d'une crise (cf manie), le pervers narcissique manipulateur…).

- Casser le délire avant qu'il ne casse le malade, via l'utilisation des neuroleptiques ("Camisole chimique").

1) Délires chroniques (schizophrénie et paranoïa) ; les 3 éléments aboutissant au diagnostic de schizophrénie : "DAD"

Dissociation (meilleur signe cf. "schizo = fendre = double personnalité") : dont le maître mot est "bizarrerie"

Autisme parfois

Délire : fréquent mais non constant (à l'inverse du paranoïaque : "postulat vrai-raisonnement faux"). Mécanisme polymorphe, non systématisé, thèmes (mystique-mégalomanie,...), et adhésion au délire

Remarque

- De par sa fréquence (prévalence : 1 % dans la population un peu moins de 1 % population 550 K, et sa gravité, c'est la question à connaître en psychiatrie (avec la PMD - également 1 % de prévalence).

- Début progressif ou brutal chez un adolescent (3/4) à personnalité normale ou non, avec un mot-clé revenant systématiquement : "Bizarrerie" (comportement verbal et non-verbal non homogène et ne mettant pas à l'aise, discours linguistique sans message, actes surprenants : "décapiter un chat", ...).

- Parfois problème diagnostic dans forme débutante (Éliminer : crise d'adolescence et toxicomanie (LSD, amphétamine...)) : si suspicion le spécialiste évaluera par une batterie de test la probabilité.

- Pas de diagnostic de schizophrénie avant 6 mois d'évolution : se presser de faire le diagnostic, car plus le traitement neuroleptique est instauré rapidement meilleur est le pronostic (limite les rechutes). Noter que 80% des schizophrènes ne sont pas hospitalisés depuis l'avènement des neuroleptiques ("camisoles chimiques").

- 4 formes cliniques de schizophrénie "SCHizoPhrénie" : Simple, Catatonique, Hébéphrénique (émoussement des affects est prédominant), Paranoïde (quand le délire est prédominant).

- Evolution révolutionnée par les neuroleptiques (80% répondent au traitement) avec 3 risques majeurs : 1. Désinsertion socio-affective 2. Suicide 3. Déficit chronique (20 %).

2) Autismes (enfant), les 4 symptômes cardinaux : "LISI"

Langage (troubles)

Immuabilité

Stéréotypies

Isolement

3) Les 3 principaux éléments caractérisant le délire paranoïaque : "PerSiste Un" (ou "Inter PerSiste") ou également "PSI"

PERsécution : thème le plus fréquent (également : passionnel, revendication)

SYST**é**matisée : organisation

Interprétation : mécanisme

Remarque

- Dans un délire paranoïaque : "Le postulat (cf. ils montent un complot contre moi) est faux... mais le raisonnement (cf. : recherche de micro dans la chambre d'hôtel,...) est juste", à l'inverse de la schizophrénie où le postulat est parfois vrai, mais le raisonnement s'avère faux.

- Le problème est diagnostique : le délire est le plus souvent crédible ("suis espionne", "on cherche à m'éliminer", "ma femme me trompe",...) et le patient sait être convaincant (raisonnement juste...).

STAR-MÉMO :

Nicolae Ceaucescu (1918-1989)

Président de la république roumaine en 1974, il instaure une "dictature sanglante". Mégalomane, il se fait appeler : "Firmament de l'humanité", "Inégalable stratège parmi les stratèges"... Il va même jusqu'à faire promener son doberman en voiture officielle, encadrée de nombreux policiers ! Sa méfiance vis-à-vis de tous justifie la main-mise par une gestion familiale des affaires du pays : sa femme Elena cumule 14 charges officielles, ses frères et ceux de son épouse assument tous des fonctions-clés... Du paranoïaque ("Le postulat est faux, le raisonnement est juste"), Ceaucescu présentait aussi la tendance aux interprétations favorisant les réactions agressives : ainsi fit-il dynamiter plus d'un quart du patrimoine architectural de Bucarest, et raser 7 000 villages... À la fin de son règne le peuple roumain n'avait que deux obsessions : se nourrir et se vêtir. Renversé par un complot bénéficiant du soutien de l'armée, il est exécuté avec sa femme en décembre 1989.

Source : *Ces malades qui nous gouvernent*, éditions Stock.

4) La personnalité paranoïaque ("pas de délire paranoïaque sans personnalité paranoïaque"), les 4 principaux signes : "MOI JE"

Méfiance

Orgueil : surestimation du Moi

Intolérance : psychorigidité et insociabilité (agressivité)

Jugement : fausseté

Egocentrisme.

5) Psychose hallucinatoire chronique : Schéma mémo

 Remarque

Très peu tombable.

– ITEM 285 –

TROUBLES DE L'HUMEUR : PSYCHOSE MANIACO-DÉPRESSIVE

TROUBLES HUMEUR : DÉPRESSION & PMD

Psychose maniaco-dépressive = bipolarité

3 messages :

- Pathologie allant a la fois dans les troubles de l'humeur (cf. dépression voire mélancolique et à l'opposé excitation maniaque) et dans les psychoses chroniques (pas de facteur déclenchant aux crises + non-conscience du trouble pendant crise + entourage qui incite à consulter + chronicité des troubles).

- 5 éléments-clés concernant la clinique : 1) Composante héréditaire nette (suicide autre PMD dans famille) : en absence de terrain héréditaire le risque de présenter une PMD est d'environ 2 %.En présence de terrain héréditaire ce risque est de 10 %.Ainsi, l'écrivain Américain prix Nobel de littérature Ernest Hemingway, se suicida comme le firent son père, son frère et sa sœur (mais pas sa mère). 2) Aspect cyclique (avant le lithium généralement 2 accès de 2 mois par an) des troubles : entre les crises (de la surexcitation sensorielle au dégoût de tout) le psychisme redevient normal. L'épisode maniaque dure au moins une semaine. 3) Caractère endogène : pas de facteur déclenchant aux crises (cause de la dysrégulation discutée avec en bout un dysfonctionnement chimique : cf. succès du lithium). 4) Différencier PMD : 1/ Type 1 = Bipolaire   2/ Type 2 = Unipolaire.

Psychose maniaco-dépressive	Définition	Diagnostic	Prévalence	Sex-ratio	Lithothérapie préventive (1949)
Type 1 = bipolaire	Alternance des 2 types d'accès	Facile (crise maniaque)	1 % population Fr	H = F	
Type 2 = unipolaire	Accès toujours du même type Dépression > Manie	Parfois plus délicat (hypo-maniaque = réussite professionnelle	4 %	80 % F Âge moyen 1ʳᵉ crise = 30 ans	

5) **Absence de sommeil et conduite à risques médico-légaux** : dépenses d'argent excessives, alcool, drogues, hypersexualité,....

- Fréquence dans la population et fréquence aux examens +++ : un des classiques avec le BK, l'endocardite, l'IDM,...

Remarque

- Rappel France (1% de la population mondiale) = 65 M = 70 M
- 1% = 700 K individus
- = environ une classe d'âge (puisque chaque année naissent entre 700K et 800 K individus).
- = Schizophrènes (prévalence en France)
= PMD type 1 c'est-à-dire 100% Bi-polaire (environ 3 fois plus d'unipolaires)
- Le problème des PMD n'est généralement pas diagnostique (Atcd familiaux ++, épisodes cliniques, ...) mais pronostique : récurrence (cf. en absence de lithium : 2 crises de 2 mois/an) souvent saisonnière (automne).
- Que ce soit l'accès maniaque ou l'accès mélancolique : hospitalisation d'urgence pour traitement parentéral.

STAR-MÉMO :

Ernest Hemingway (1899-1961)

Son suicide est secondaire à une sévère dépression pourtant traitée par 11 électrochocs (les pilules du bonheur ne feront leur apparition qu'en 1970) !

Sorti de la Mayo Clinic, 3 mois après il récidive et fait plusieurs tentatives de suicide, dont la dernière réussit par une balle dans la tête.

L'écrivain américain avait pourtant la gloire, l'argent, un mariage apparemment heureux...

On retrouve tout de même comme facteur de risque le fait que son père se soit également suicidé, et que lui-même avait une propension non négligeable pour l'alcool. Rappelons, qu'hormis les antécédents familiaux, les 3 facteurs de risque principaux de suicide sur une terrain dépressif sont "CIA" : Chômage - Isolement - Alcool.

Concernant la chimie du cerveau, remarquons que l'aptitude à être heureux s'avère à la fois génétique (y a t'il un gène du bonheur ?), biologique (cf. efficacité des anti-dépresseurs) et environnementale (climat, culture...). Différentes études sur les jumeaux permettrons dans un avenir proche d'élucider la question. En attendant, *"qu'est-ce qu'on attend pour être heureux ?"*.

Source : *CMAJ*, vol 135, october 15, 1986.

1) La triade diagnostique d'interrogatoire de la dépression : "DEPs"

Douleur morale : tristesse

Energie (perte élan vital) : asthénie et ralentissement psychomoteur (bradypsychisme et inhibition motrice) pour les activités habituelles (cf. concentration, trouble de la mémoire)

Plaisir : une indifférence affective = perte de la capacité à prendre du plaisir (désintérêt et absence de désir sexuel ou alimentaire)

Somatisation : insomnie (surtout difficulté d'endormissement si dépression réactionnelle), anorexie ou boulimie, céphalée...

 Remarque

- 3 millions de dépressifs en France (grosso modo : 1 Français sur 20).

- En pratique, savoir la reconnaître = diagnostic clinique d'interrogatoire (envahissement de tout le champ du psychisme : mental, affectif,..) : une personne qui depuis plus de 15 jours n'a plus d'énergie, ne dort pas (cf. réveil vers 4 h du matin), et qui parfois se met à pleurer (alors qu'inhabituel). Le vrai déprimé (type non reçu à un concours où son investissement était important) fait passer une carpe pour un animal bavard et, une demi-heure après avoir discuté ensemble, vous vous trouvez vous-même sans énergie et "à plat" pour la journée.

- Différencier dépression et tristesse : on peut être "triste" (cf. réaction émotionnelle normale - "coup de blues" - à une circonstance négative, mais avec maintien de l'élan vital & généralement passager : moins de 15 jours) sans être déprimé (humeur basse + anergie + 15 js) et inversement "déprimé" (cf. "Burn out syndrom" ou absence d'énergie "professionnelle" : suite à un excès de travail le patient est cloué au lit sans être triste (en famille humeur normale).

En pratique, 6 étapes :

1. Faire le diagnostic ;

2. Eliminer une cause organique (cf. asthénie) : iatrogène (cf. plus bas : corticoïde, anti HTA), infectieuse (cf. mononucléose infectieuse - hépatite - tuberculose) - endocrinienne (hypothyroïdie, diabète) - tumoral - voire si âgé début de démence (amnésie sur des faits importants récents) ;

3. Hospitaliser en urgence si un des éléments de "IDES" (cf. plus bas) = mélancolie = risque suicide majeur ;

4. Différencier dépression endogène (cadre des psychoses maniacodépressives -uni ou bipolaire = 1% de la population : faible demande de guérison du patient - antécédent personnel ou familiaux - pas de facteur déclenchant retrouvé - réveils matinaux - troubles aggravés plutôt le matin - mauvaise adaptation à la réalité) de réactionnelle (secondaire = exogène), qui à l'opposé retrouve : demande forte du patient - un facteur déclencheur retrouvé : deuil échec professionnel... - difficultés d'endormissement - amélioration des troubles le matin). Dans le premier cas traiter comme une PMD (traitement de la dépression et discuter la lithothérapie préventive), dans le second cas (le plus fréquent) traitement symptomatique.

5. Traitement : - Une dépression sans critères "IDES" se traite en ambulatoire, par bithérapie orale (soutien psychologique "demain sera mieux qu'aujourd'hui" & comportemental : sport ++) : antidépresseur (pas de tricycliques, mais ISRS - cf. Prozac® ou Zoloft® 50 - ou IRS - cf. Effexor® 75 : pas besoin de bilan car peu d'effets secondaires ... mais moins efficace que les tricycliques) et anxiolytique (ou neuroleptique sédatif).

6. Surveillance et suivi : psychothérapie ("demain sera meilleure qu'aujourd'hui") + chimiothérapie (selon certains psychiatres : "Une dépression qui ne guérit pas sous antidépresseurs, n'est généralement pas une dépression") & effets secondaires des antidépresseurs) + sport & comportemento-thérapie).

Quelques "mile stones" : Délai normalisation humeur sous traitement : 3-4 semaines + généralement 6 mois de traitement. Le 1er signe de guérison est le retour à un sommeil normal (généralement vers S3).

- Le généraliste traite les dépressions simples, le psychiatre gère les 4 situations à risque : 1) graves (risque TS) ; 2) PMD envisagée ; 3) Difficulté thérapeutique ; 4) Rechute.

- Ci-dessous un auto-questionnaire (QD2 de P. Pichot) sur 13 items (auxquels le patient doit répondre par "vrai" ou "faux". Les réponses en faveur de la dépression sont toutes indiquées de manière positive (vrai), ce qui incite le patient à être plus sincère dans ses réponses), permettant d'évaluer le diagnostic (positif si score > 7) :

1.En ce moment, **ma vie me semble vide**	❑ oui ❑ non
2.J'ai du mal à me débarrasser de **mauvaises pensées** qui me passent par la tête	❑ oui ❑ non
3.Je suis **sans énergie**	❑ oui ❑ non
4.Je me sens **bloqué**(e) ou empêché(e) devant la moindre chose	❑ non ❑ oui
5.Je suis **déçu**(e) et dégoûté(e) **par moi-même**	❑ oui ❑ non
6.Je suis **obligé**(e) de me forcer pour faire quoi que ce soit	❑ non ❑ oui
7.J'ai **du mal à faire les choses que j'avais l'habitude** de faire	❑ oui ❑ non
8.En ce moment, je suis **triste**	❑ oui ❑ non
9.J'ai **l'esprit moins clair** que d'habitude	❑ oui ❑ non
10.J'**aime moins qu'avant faire les choses** qui me plaisent ou m'intéressent	❑ non ❑ oui
11.Ma **mémoire** me semble moins bonne que d'habitude	❑ oui ❑ non
12.Je suis **sans espoir pour l'avenir**	❑ non ❑ oui
13.En ce moment, je **me sens moins heureux(se)** que la plupart des gens	❑ oui ❑ non
Sore /13	❑❑

RÉSULTATS : Dépression franche quand le score est ≥ 7. **Bonne valeur diagnostique au début d'une dépression** (ou dans les dépressions masquées). Il peut aussi être utilisé pour mesurer l'évolution d'une dépression, traitée ou non traitée.

2) Dépression, 3 principales substances dépressogènes à rechercher : "HCL"

HTA (anti-hypertenseurs)

Corticostéroïdes (++)

L-Dopa

Remarque

- Dans un cadre plus général, rechercher également les causes organiques responsables de dépressions secondaires

- Liste plus complète des principaux médicaments dépressogènes : Œstrogènes - H2 (anti-Tagamet®) - Corticoïdes - Aldomet® - Réserpine - Amphétamine - Bêtabloquant - Isonazide - Agonistes alpha2 centraux - Neuroleptique - Sevrages (toxiques légaux : tabac, alcool, et autres toxiques illégaux).

- France, championne du Monde de la prescription de psychotropes (également psychothérapies longues sur plusieurs années) : si dépression 3 fois + de chances de prendre un antidépresseur qu'un Allemand ou qu'un Anglais.

- Notons l'influence de la climatologie et de la géographie sur les esprits : en région Provence-Alpes-Côte-D'azur, 60 % des ventes se font en blanc et sur toute la gamme des couleurs claires, tandis que dans le Nord et l'Est de la France, le gris métallisé l'emporte à 35 % (15 % pour le reste de la France). La cartographie des suicides montre bien le gradient Nord-Sud en France (ouvrage de référence *Ikonorama* sur www.medicilline.com ou en librairie).

- Concernant les enfants (suicide exceptionnel avant l'âge de 8 ans) : c'est vers 8-10 ans que le mot "mort" prend tout son sens vers 8-10 ans, à l'exception du contexte des pays en guerre. 90% des enfants qui se suicident ont eu un attachement insécure (mais les autres membres de la famille et les copains compensent). Noter également que l'école peut parfois être génératrice d'angoisse : le Japon et la Finlande, en mettant la barre très haut, connaissent un pic de suicides.

3) Devant une dépression, évaluer les 3 principaux éléments environnementaux du risque de suicide (l'urgence psychiatrique) : "CIA"

Chômage

Isolement (affectif) : solitude, "personne ne me parle"

Alcool (levée inhibition)

Remarque

- En plus de 2 classiques facteurs épidémiologiques incompressibles : Homme (cf. femme : 1 suicide pour 7 S) et Âge : *"plus on est vieux mieux on réussit son suicide"*.

- Une mélancolie se traite à l'Hôpital par perfusion (1 ampoule en deux heures d'antidépresseur tricyclique dans 500 cc de G 5% le premier jour). Pas de tricyclique sans bilan **"OCP"** (Oeil : cf. glaucome - **Cœur** : ECG - Prostate : cf. HBP).

- *"Se suicider est le propre de l'Homme"* Dans l'état actuel des connaissances, il semble que les animaux ne semblent pas posséder la capacité à envisager leur mort (les échouages de baleines ou de dauphins seraient des accidents provoqués par une atteinte de leur sens de l'orientation. De même, certains animaux de compagnie ne s'alimentent parfois plus suite à un stress psychologique mais non dans une perspective de suicide volontaire).

- Concernant les tentatives de suicides médicamenteuses (80 % psychotrope), noter que la mortalité s'élève à environ 1,5 % des intoxications.

- Attention aux mariages intra-corporation (cf. médecines ou avocats), pouvant être à l'origine de TS à terme : 70 % de divorces.

ACCÈS MANIAQUES

Syndrome maniaque, les 4 principaux médicaments maniacogènes : "CAÏD"

Corticoïdes

Amphétamine

INH

Dopamine® (L)

 Remarque

- Un schéma MEMO vaut mieux qu'un long discours :

- Âge moyen de survenue du premier accès : 30 ans, et augmentation quantitative et qualitative des crises avec l'âge (si absence de lithothérapie).

- Dans les troubles bipolaires, la manie aiguë est rarement inaugurale.

- Une manie se traite par neuroleptique IM (ex Largactil® 25) + sauvegarde de justice (entourage peut être ruiné suite à des dépenses incontrôlées) et une mélancolie par antidépresseur tricyclique IV (toute dépression dans le cadre d'une PMD doit être hospitalisée (risque suicide).

- Pour l'aspect thérapeutique curatif (crises) et préventif (lithothérapie) voire le chapitre neuroleptique.

TROUBLES
DE LA PERSONNALITÉ

Quelques types de personnalités "pathologiques" :

1) Obsessionnelle (TOC)

2) Paranoïaque (paranoïa)

3) Schizophrénique (schizophrénie)

4) Hystérique (hystérie)

HIHIHIHIHI

Sans oublier les personnalités : borderline, évitante, dépendante, anti-sociale (psychopathe), narcissique (cf. "pervers
narcissique").